ドイツ語初級

斉藤　渉

はじめに

ドイツ語の世界へようこそ！

[本書の特徴]

　このテキストは，ABCからはじめて，ドイツ語の文法をひととおり学べるよう作られています．もともと大学の文法の授業を想定して書かれていますが，基本的なことがらは詳しく説明してありますので，文法を一から勉強し直したいという方や，ドイツ語を独習したいという方にも使っていただけます．
　『ドイツ語初級』というタイトルながら，中級への橋渡しともなるよう配慮しました．文法を終えた学習者が一番つまずきやすいのは，動詞の語順の問題です．そこで，動詞にかかわる内容をできるだけテキストの前半に集めて配列してあります．
　ドイツ語を勉強されるのはほとんどが，すでに英語を習ったことのある方でしょう．このため，本文の説明では，ところどころ英語との比較をおこなっています．英語とどこがちがうのかに注意して読むとドイツ語の特徴がよくわかると思います．

[本書の構成]

　このテキストは，全部で13の課（Lektion）からなり，各課とも次のような構成になっています：

キーセンテンス　　　どの課も，5つのキーセンテンス（Schlüsselsatz）で始まります．キーセンテンスには，その課で学ぶ内容が凝縮されているので，まずは理屈を気にせず，訳を見ながら何度も発音してすらすら言えるようにしてください．本文の説明をひととおり読めば，キーセンテンスの文法も理解できるようになっているはずです．

本　　文　　　　　　各課の内容は5つの節に分けて説明しています．一度読ん

でよくわからなくても，例文を参照しながら何度か読み直せば，すぐに理解できるでしょう（新しく登場する単語は，各課ごとのリストに載っています）．授業で使う場合，この本文の内容をよく予習してください．

練習問題　　　文法の説明の後に，練習問題（Übung）が続きます．ほとんどがキーセンテンスを応用した内容です．問題の指示と，ページの左側に与えられた語句や訳を見て，ページの右側に書かれた答を書いたり，発音したりして何度も練習してください．訳や答はすべて同じページにあるので，ページの右半分を隠しながら，自分の理解をチェックできます．

単語リスト　　　新しく登場した単語は，単語リスト（Vokabelliste）に挙げられています．見出し語のアンダーラインは，アクセントのある母音を示しています．テキスト全体で 600 語ありますが，重要な単語ばかりです．少しずつ覚えていきましょう．なお，名詞の場合，名詞の性を表わす定冠詞もあげてあります（Lektion 1 の 1. 5 参照）．

[教員の方へ]

　毎週 1 回の授業でも無理なく終えられるよう，初級文法で必要な内容を 13 の課にまとめてあります．独習できる程度に詳しい説明にしているため，授業であつかうには細かすぎる場合や，練習により多くの時間を割きたい場合は，必要に応じて授業で説明する部分を限定し，残りは受講者の予習・復習にまかせてもよいでしょう．

　練習問題の解答が同じページにあるので，問題をあてて答えさせる演習形式の授業には不向きかもしれません．その分の時間を単語の発音（次の課に入る前の回に練習するのがよいでしょう）やキーセンテンスにあて，練習問題は，最初に解答を確認したうえで，反復練習やディクテーションなどの小テストとしてご活用ください．

2008 年 2 月
著　者

目　次

はじめに ……………………………………………………………………… i

Lektion 1　発音・基本表現 ……………………………………………… 1

    1. 1　　アルファベート　1
    1. 2　　発音：大原則　2
    1. 3　　発音：母音　3
    1. 4　　発音：子音　6
    1. 5　　3つの性：der / die / das　8
    1. 6　　基本表現：Guten Tag!　8

Lektion 2　動詞の現在人称変化（1） ………………………………… 10

    2. 1　　動詞の変化：人称　10
    2. 2　　動詞の変化：現在（1）　11
    2. 3　　不定詞句と定動詞の位置（1）　14
    2. 4　　動詞の変化：sein　17
    2. 5　　動詞の変化：haben　17
    　　　　単語リスト（1〜50）　19

Lektion 3　動詞の現在人称変化（2） ………………………………… 21

    3. 1　　動詞の変化：現在（2a）　21
    3. 2　　動詞の変化：現在（2b）　22
    3. 3　　定冠詞と性・数・格　24
    3. 4　　格の基本的用法　27
    3. 5　　数：基数　28
    　　　　単語リスト（51〜100）　32

Lektion 4　話法の助動詞 ･･････････････････････････････ 34

- 4.1　話法の助動詞　34
- 4.2　不定詞句と定動詞の位置（2）　37
- 4.3　冠詞類：定冠詞と DIESER 型　39
- 4.4　冠詞類：不定冠詞と MEIN 型　41
- 4.5　人称代名詞　42
  - ▌単語リスト（101〜150）　46

Lektion 5　分離動詞・非分離動詞 ･･････････････････････ 48

- 5.1　分離動詞　48
- 5.2　非分離動詞　49
- 5.3　不定詞句と定動詞の位置（3）　50
- 5.4　分離・非分離の前つづりと派生語　51
- 5.5　命令法　56
  - ▌単語リスト（151〜200）　60

Lektion 6　前置詞・副文 ･･････････････････････････････ 62

- 6.1　副文（1）：従属接続詞　62
- 6.2　不定詞句と定動詞の位置（4）　64
- 6.3　前置詞　65
- 6.4　前置詞の格支配　65
- 6.5　代名副詞（1）：前方照応　68
  - ▌単語リスト（201〜250）　75

Lektion 7　zu 不定詞 ･･････････････････････････････････ 77

- 7.1　zu 不定詞句　77
- 7.2　名詞的用法　78
- 7.3　形容詞的用法　80
- 7.4　副詞的用法　81
- 7.5　代名副詞（2）：後方照応　83
  - ▌単語リスト（251〜300）　88

| Lektion 8 | 未来・過去・完了 | 90 |

- 8.1 動詞の変化：werden　90
- 8.2 三基本形　92
- 8.3 動詞の変化：過去　96
- 8.4 完了時制　98
- 8.5 sein 支配と haben 支配　100
  - 単語リスト（301〜350）　104

| Lektion 9 | 形容詞の変化 | 106 |

- 9.1 形容詞の変化　106
- 9.2 3つのパターン　107
- 9.3 形容詞の名詞的用法　110
- 9.4 数：序数　111
- 9.5 分詞の用法　112
  - 単語リスト（351〜400）　116

| Lektion 10 | 再帰動詞・比較表現 | 118 |

- 10.1 再帰動詞　118
- 10.2 比較表現　122
- 10.3 A＞B型・A＜B型　123
- 10.4 A＝B型　125
- 10.5 最上級　126
  - 単語リスト（401〜450）　129

| Lektion 11 | 受動態 | 131 |

- 11.1 受動態　131
- 11.2 受動態の各時制　132
- 11.3 自動詞と他動詞：主語なし受動文　134
- 11.4 状態受動　136
- 11.5 非人称構文　137
  - 単語リスト（451〜500）　142

Lektion 12 関係代名詞 ······ 144
    12. 1   指示代名詞   144
    12. 2   関係代名詞   146
    12. 3   関係副詞   149
    12. 4   副文（2）：関係詞   149
    12. 5   不定代名詞   151
         ■ 単語リスト（501〜550）   155

Lektion 13 接続法 ······ 157
    13. 1   接続法 I 式と II 式   157
    13. 2   接続法の形式と用法の関係   162
    13. 3   間接話法   163
    13. 4   非現実話法   164
    13. 5   その他の用法   168
         ■ 単語リスト（551〜600）   173

不規則変化動詞変化表 ······ 175

Lektion 1　発音・基本表現

1.1　アルファベート

Das deutsche Alphabet

A	a	[aː]	L	l	[ɛl]	W	w	[veː]
B	b	[beː]	M	m	[ɛm]	X	x	[ɪks]
C	c	[tseː]	N	n	[ɛn]	Y	y	[ýpsilɔn]
D	d	[deː]	O	o	[oː]	Z	z	[tsɛt]
E	e	[eː]	P	p	[peː]			
F	f	[ɛf]	Q	q	[kuː]	Ä	ä	[ɛː]
G	g	[geː]	R	r	[ɛr]	Ö	ö	[øː]
H	h	[haː]	S	s	[ɛs]	Ü	ü	[yː]
I	i	[iː]	T	t	[teː]	ß		[ɛs-tsɛ́t]
J	j	[jɔt]	U	u	[uː]			
K	k	[kaː]	V	v	[faʊ]			

英語のアルファベットと同じ 26 文字が基本です．B, C, D, E … などは，英語だと [biː], [siː], [diː], [iː] … のように [iː] の音になりますが，ドイツ語ではその部分がだいたい [eː] になっています．次の 3 つは英語の発音と混線しやすいので注意してください．

	英語		ドイツ語
A	[ei]	A	[aː]
E	[iː]	E	[eː]
I	[ai]	I	[iː]

A, O, U の上に 2 つ点がついたものは，ドイツ語独特の文字です．これをウムラウト（Umlaut）と呼びます．上に書いた発音では区別しにくい場合，それぞれ A, O, U のウムラウトという意味で次のような呼び方をすることもあります．

Ä	ä	[a: úmlaʊt]
Ö	ö	[o: úmlaʊt]
Ü	ü	[u: úmlaʊt]

コンピューターやタイプライターなどで**ウムラウトが表示できない場合**は，次のように代用します．

Ä	ä	→	Ae	ae
Ö	ö	→	Oe	oe
Ü	ü	→	Ue	ue

最後の ß は，語中や語末でしか使われないので，小文字のみです．[ɛs-tsét] という名前のとおり，もともと s [ɛs] と z [tsɛt] が合わさったものです．昔の筆記体の s は縦に長い形で，z と一緒になるとちょうど現在の ß らしくなります．

∫ (s) ＋ ʒ (z) → ∫ʒ (sz) → ß (ß)

ß は，ギリシア文字の β（ベータ）とまったく関係ないので，代用はできません．ß が表示できない場合は，**ss で代用**します．辞書を引くときにも「ß = ss」で調べます．なお，ß には大文字がありません．
1.4 で述べますが，ß の発音はどんなときでも [s] になります．

1.2　発音：大原則

ドイツ語の単語は，**ローマ字読み**するのが大原則です．後で説明するように例外もありますが，基本的には書いてあるとおりに発音すればいいので，ある意味ではとても簡単です．

〈例〉Name [náːmə] 名前　　　　*name* [neim]

＊ドイツ語の名詞はすべて大文字で書き始める

英語のように a というつづりが [ei] になったり，[æ] になったり，[ɔː] になったり，[ə] になったりして，単語ごとに覚えなければならないということはありません．また，英語の *name* の –e のように発音しない文字も（長母音を表わす h を

除けば）ドイツ語にはありません．別の意味では，英語のつづりの読み方にとらわれないように気をつける必要がある，ということです．

◇ アクセント

　ドイツ語の単語は，原則として第1音節にアクセントをもちます．例外は，be–，emp–，ent–，er–，ge–，ver–，zer– などのアクセントをもたない前つづりがついた単語や（5.2 参照），ドイツ語にとっての外来語です．
　外来語の多くはフランス語，ラテン語，ギリシア語に由来しますが，これらの語は最後の音節にアクセントをもつものが多く，いずれにしても，第1音節にはアクセントをもたないものが大部分です．ややこしいことに，ドイツ語の単語で英語と同じような形をしているものには，ドイツ語にとっての外来語（英語にとっても外来語）が多く，それだけに英語と混同しやすくなります．

〈例〉　Student [ʃtudént] 大学生（男の）　　*student* [stjúːdənt]
　　　 Musik [muzíːk] 音楽　　　　　　　　*music* [mjúːzik]
　　　 Philosophie [filozofíː] 哲学　　　　　 *philosophy* [filásəfi]

1.3　発音：母音

◇ 短母音・長母音

　母音はローマ字読みが原則です．母音字が1つだけの場合，短く発音することも，長く発音することもあります．同じ母音字を重ねたときや，母音字＋h になっているときは，必ず長く発音します．短母音と長母音には長さの違いしかありません（以下，発音記号で [*r*, *ə*r] がイタリックになっている部分は，通常 **r が母音化す****ることを表わします**）．

a	[a, aː]	*a*cht	[axt]	(8)
		V*a*ter	[fáːtər]	（父）
aa, ah	[aː]	H*aa*r	[haːr]	（毛）
		f*ah*ren	[fáːrən]	（乗り物で行く）
e	[ɛ, eː]	s*e*chs	[zɛks]	(6)
		tr*e*ten	[tréːtən]	（歩む）

Lektion 1　発音・基本表現　　3

	[ə]	Liebe	[líːbə]	（愛）
		gefallen	[gəfálən]	（気に入られる）
				＊アクセントのない音節のみ
ee, eh	[eː]	Meer	[meːr]	（海）
		stehen	[ʃtéːən]	（立っている）
i	[ɪ, iː]	bitten	[bítən]	（頼む）
		Kino	[kíːno]	（映画館）
o	[ɔ, oː]	Morgen	[mɔ́rgən]	（朝）
		Brot	[broːt]	（パン）
oo, oh	[oː]	Boot	[boːt]	（ボート）
		ohne	[óːnə]	（〜なしに）
u	[ʊ, uː]	Lust	[lʊst]	（意欲）
		gut	[guːt]	（良い）
uh	[uː]	Uhr	[uːr]	（時計）
		Stuhl	[ʃtúːl]	（椅子）

◇ ウムラウト

ウムラウトについても，短母音と長母音の区別があります．それぞれの音について簡単に説明しましょう．

まず ä は，日本語のアイウエオのエとまったく同じ音と思って差し支えありません．発音記号では [ɛ, ɛː] となります．

ö は o と e の中間音で，日本語にはもちろん，英語にもない音です．短いか長いかによって微妙に音が変わっているのですが，あまり気にする必要はありません．

ü は u と i の中間音で，これも日本語や英語にはない音です．日本語のユ（発音記号 [jɯ]）とはまったく別の音なので注意してください．

ä	[ɛ, ɛː]	ändern	[ɛ́ndərn]	（変える）
		Universität	[ʊnivɛrzitɛ́ːt]	（大学）
äh	[ɛː]	Nähe	[nɛ́ːə]	（近さ）
		während	[vɛ́ːrənt]	（〜の間）
ö	[œ, øː]	können	[kœ́nən]	（〜できる）

		hören	[hǿ:rən]	（聞く）
öh	[ø:]	Höhe	[hǿ:ə]	（高さ）
		Böhmen	[bǿ:mən]	（ボヘミア）
ü	[ʏ, y:]	fünf	[fʏnf]	（5）
		Übung	[ý:bʊŋ]	（練習）
üh	[y:]	früh	[fry:]	（早い）
		fühlen	[fý:lən]	（感じる）

なお，外来語にしか使われませんが，y は普通 ü と同じ音になります（英語に由来する外来語などを除く）．

y	[ʏ, y:]	System	[zʏsté:m]	（体系）
		Typ	[ty:p]	（タイプ）

◇例外的な発音

特に注意しなければいけないのが，次のものです．ie が長母音になるのを除けば，すべて二重母音のつづりになります．特に，ei, eu, äu には気をつけてください．

au	[aʊ]	außer	[áʊsər]	（〜以外に）
		Haus	[haʊs]	（家・単数形）
ei, ai	[ai]	eins	[ains]	（1）
		Mai	[mai]	（5月）
eu, äu	[ɔʏ]	Deutsch	[dɔʏtʃ]	（ドイツ語）
		Häuser	[hɔ́ʏzər]	（家・複数形）
ie	[i:]	sieben	[zí:bən]	（7）
		Brief	[bri:f]	（手紙）
	[iə]	Familie	[famí:liə]	（家族）
		Ferien	[fé:riən]	（休暇）＊外来語のみ

Lektion 1　発音・基本表現

1.4 発音：子音

子音については，ローマ字読みの原則から外れるものだけを見ていきましょう．

b, d, g	[b, d, g]	lie*b*en	[líːbən]	（愛する）
		Hä*n*de	[hέndə]	（手・複数形）
		Ta*g*e	[táːgə]	（日・複数形）
（音節末）	[p, t, k]	lie*b*st	[líːpst]	（君は愛する）
		Han*d*	[hant]	（手・単数形）
		Ta*g*	[taːk]	（日・単数形）

ただし，ng は音節末にあっても [ŋ] です．また，ig も普通は [ɪç] と発音されます．

ng	[ŋ]	e*ng*	[ɛŋ]	（狭い）
		E*ng*e	[έŋə]	（狭さ）
ig	[ɪç]	wen*ig*	[véːnɪç]	（少ない）

＊ただし後に母音が続くと wenige [véːnɪgə]

ch		1）a, o, u, au の後		
	[x]	na*ch*	[naːx]	（〜の後で）
		au*ch*	[aʊx]	（〜もまた）
		Bu*ch*	[buːx]	（本・単数形）
		2）上記以外（äu の後を含む）		
	[ç]	i*ch*	[ɪç]	（私は）
		*Ch*emie	[çemîː]	（化学）
		Bü*ch*er	[býːçər]	（本・複数形）

ただし，chs は x と同じく [ks] という発音になります．

chs = x	[ks]	se*chs*	[zɛks]	（6）
		Te*x*t	[tɛkst]	（テクスト）

j	[j]	*j*etzt	[jɛtst]	（今）
		*J*apan	[já:pan]	（日本）
pf	[pf]	em*pf*ehlen	[ɛmpfé:lən]	（推薦する）
ph = f	[f]	*Ph*iloso*ph*ie	[filozofi:]	（哲学）
		*f*inden	[findən]	（見つける）
qu	[kv]	*Qu*alität	[kvalité:t]	（質）
r	[r]	*r*ot	[ro:t]	（赤い）
		B*r*ot	[bro:t]	（パン）

＊のどの奥で発音します

	[ɐ]	e*r*	[ɛɐ]	（彼は）
		Vat*er*	[fá:tɐ]	（父）

＊母音の後では母音化します

s	[s]	Hau*s*	[haus]	（家）
（＋母音）	[z]	*s*ieben	[zí:bən]	（7）
ss = ß	[s]	wi*ss*en	[vísən]	（知っている）
		wei*ß*	[vais]	

（白い；知っている［wissen の 1 人称・3 人称単数］）

sch	[ʃ]	*sch*ön	[ʃø:n]	（美しい）
sp	[ʃp]	*sp*rechen	[ʃpréçən]	（話す）
st	[ʃt]	*st*ehen	[ʃté:ən]	（立っている）

dt, th = t	[t]	Sta*dt*	[ʃtat]	（町）
		*Th*ea*t*er	[teá:tɐ]	（劇場）
ts, tz, z	[ts]	nich*ts*	[nɪçts]	（何も～ない）
		je*tz*t	[jɛtst]	（今）
		*Z*eit	[tsait]	（時間）
ti	[tsi]	Lek*ti*on	[lɛktsió:n]	（課）

＊この発音になるのは外来語のみ

tsch	[tʃ]	Deu*tsch*land	[dɔ́ʏtʃlant]	（ドイツ）

Lektion 1 発音・基本表現

v = f	[f]	*v*ier	[fiːr]	(4)	

* ただし [v] になることもある．例：November [novémbər]（11月）

w	[v]	*w*eil	[vail]	（なぜなら）

1.5　3つの性：der / die / das

　1.2でも触れたように，ドイツ語の名詞はすべて大文字で書き始めます．このため，ぱっと見ただけで動詞や形容詞と区別がつくので便利である反面，固有名詞でも普通名詞でも同じように大文字で書かれるため，わかりにくいこともあります．

　ドイツ語の名詞のもう1つの特徴は，**男性・女性・中性**という3つの性を区別するという点です．英語にもずっと昔はこの区別があったのですが，現在ではなくなってしまいました．例えば，「1日，昼」を意味するTagは男性名詞，「夜」を意味するNachtは女性名詞，「1年」を意味するJahrは中性名詞です．名詞の意味からその名詞の性を推測することはできません．したがって，それぞれの名詞を覚えるときには，その名詞の性も同時に覚える必要があります．名詞の性を区別する場合，男性名詞なら **der**，女性名詞なら **die**，中性名詞なら **das** という**定冠詞**をつけて表すのが一般的です（定冠詞について詳しくは3.3を参照）．

〈例〉der Tag（昼）　　　die Nacht（夜）　　　das Jahr（年）

　このように，名詞の性の違いは，冠詞などの文法的要素の形に影響を与えます．例えば，代名詞も，男性名詞をうける場合は男性形，女性名詞をうける場合は女性形，中性名詞をうける場合は中性形になります（2.1参照）．

1.6　基本表現：**Guten Tag!**

Guten Tag!	[gúːtən taːk]	こんにちは！（一日中，特に日中に使う）
Guten Morgen!	[gúːtən mɔ́rgən]	おはよう！
Guten Abend!	[gúːtən áːbənt]	こんばんは！
Gute Nacht!	[gúːtə naxt]	おやすみなさい！

Auf Wiedersehen! [aʊf víːdə zéːən]　さようなら！
　　　　　　　　　　　　　　　（Aufを省略してWiedersehen! ということもある）
Tschüß!　　　　　　[tʃýːs]　　　　　バイバイ！

Danke (schön)!　　[dáŋkə (ʃøːn)]　　ありがとう（ございます）！
Bitte (schön)!　　　[bítə (ʃøːn)]　　　どういたしまして！

Lektion 2　動詞の現在人称変化（1）

Schlüsselsätze

2-1. Lernen Sie jetzt Französisch?
　　今フランス語を勉強してるんですか？
2-2. Nein, ich lerne nicht Französisch, sondern Deutsch.
　　いいえ，フランス語ではなくドイツ語を勉強してます．
2-3. Wo bist du jetzt? — Ich bin noch in Osaka.
　　今どこにいるの？ ―まだ大阪にいるよ．
2-4. Aber leider habe ich keine Zeit.
　　でも残念ながら時間がないんです．
2-5. Julia wohnt in München und Daniel wohnt in Berlin.
　　ユーリアはミュンヘン，ダニエルはベルリンに住んでいる．

2.1　動詞の変化：人称

　ドイツ語では，動詞の形が主語によって変化します．
　英語では，be 動詞（I *am*, he/she/it *is*, we/you/they *are*）を除くと，3人称・単数・現在に *-s* がつくだけで，動詞はほとんど変化しません．これに対して，ドイツ語の動詞は，1人称・2人称・3人称それぞれの単数と複数，つまり，全部で6通り変化のパターン（**人称**）があります（ただし，1人称・複数と3人称・複数はいつも同じ形になります）．
　動詞の人称変化は，主語の代名詞を動詞の前につけて覚えます．

		単数	複数
1人称		ich（私）	wir（私たち）
2人称	（親称）	du（君）	ihr（君たち）
	（敬称）	Sie（あなた［がた］）	
3人称	（男性）	er（彼）	sie
	（女性）	sie（彼女）	（彼［女］ら・それら）
	（中性）	es（それ）	

2人称には，**親称**と**敬称**の区別があります．親称は，家族，恋人，友だちなどの間で使います．それ以外では，敬称が使われます．敬称の Sie は，単数でも複数でも形が変わりません．また，文の中に出てきても**大文字**で書かれます．もともと，敬称の Sie は，3人称・複数の sie を転用したものです（「彼ら」という語を「あなた（がた）」の意味で使う）．だから，3人称・複数がわかっていれば，敬称の Sie の変化を覚えなおす必要はありません．
　ところで，敬称の Sie と，3人称・単数・女性の sie と，3人称・複数の sie は，発音が同じになります．英語で言えば you と she と $they$ の発音が同じになるようなものです．3人称・単数・女性と3人称・複数は，動詞の形が異なるので区別できますが，敬称の Sie と 3人称・複数の sie は動詞の形も同じです．さらに文頭に来れば，3人称・複数の sie も大文字で書かれるので，文字の上でも区別できなくなります．この場合には前後の文脈から判断しなければなりません．もっとも「あなた」の話をしているのか，「彼ら」の話をしているのか紛らわしいケースはそんなに多くないので，ドイツ人はそれほど不便だとも思わないようです．
　3人称・単数の代名詞には，英語と同じく男性・女性・中性の区別があります．動詞の変化形はみな同じですが，人称変化を覚えるときは面倒でも3つの形を繰り返すようにしましょう．

2.2　動詞の変化：現在（1）

　ドイツ語には，現在・過去・未来という3つの時制があります（cf. Lektion 8）．まずは現在の人称変化を覚えましょう．ほとんどの動詞の場合，語幹のあとの語尾をつけ替えるだけです．

　　　語幹（変化しない）＋ **語尾**（変化する）

　なお，**辞書の見出し語**には，人称変化形でなく**不定詞**という形が使われます．変化する前のもとの形という意味で原形と呼ぶこともあります．ほとんどの場合，不定詞は語幹に –en をつけた形です（一部の動詞は –n）．

現在人称変化の語尾

ich	–e	wir	–en
du	–st	ihr	–t
er sie es	–t	sie (Sie)	–en

　現在人称変化の語尾は頭に入れておく必要があるので，語呂合わせで「エステンテン（–e, –st, –t, –en, –t, –en）」と覚えてください．1人称・複数（wir）と3人称・複数（sie）は同じ語尾で，不定詞と同じ形になります（後で出てくる sein だけは例外ですが，それ以外の動詞は，不定詞＝1人称複数現在＝3人称複数現在です）．

　例えば，lernen（学ぶ）という動詞の場合，lern– までが語幹なので，次のような変化になります．

lernen の現在人称変化

ich	lerne	wir	lernen
du	lernst	ihr	lernt
er sie es	lernt	sie (Sie)	lernen

　wohnen（住んでいる），kommen（来る），gehen（行く）でも同じ要領で現在形を作ることができます（まず不定詞の –en をとって，語尾の –e, –st, –t, –en, –t, –en をつける）．

◇ 口調上の調整

(1) 不定詞が –n で終わるもの
　不定詞が –en でなく –n で終わる動詞は，語幹が –el か –er で終わるものがほとんどです．

〈例〉 sammeln 集める　ändern 変える

これらの動詞では，1人称単数で –e をつけるとき，語幹のほうの e を省略するのが普通です．

〈例〉 ich sammle　私は集める
　　　ich änd[e]re　私は変える

なぜ省略するかというと，語幹の最後の e や人称語尾の –e のように，アクセントのない弱音が連続することをドイツ語では避ける傾向があるためです．

(2)　語幹が –t, –d, –chn, –ffn などで終わるもの

〈例〉 arbeiten 働く　　　　　finden 見つける
　　　rechnen 計算する　　　öffnen 開ける

これらの動詞では，2人称単数の語尾 –st や，3人称単数，2人称複数の語尾 –t の前に e を挿入します．

〈例〉 du arbeitest 君は働く　　　　　er arbeitet 彼は働く
　　　du findest 君は見つける　　　sie findet 彼女は見つける
　　　du rechnest 君は計算する　　 ihr rechnet 君たちは計算する
　　　du öffnest 君は開ける　　　　sie öffnet 彼女は開ける

e を入れるのは，発音しやすくするためです．

(3)　語幹が –s, –ss, –ß, –z などで終わるもの
　このタイプの動詞に共通するのは，語幹の一番最後に [s] という音が来る点です．

〈例〉 reisen 旅行する　　　　　　küssen キスする
　　　heißen 〜という名前である　tanzen 踊る

2人称単数の語尾 –st の s が語幹末の [s] と重なるので，つづりは –t だけを付けて書きます．

〈例〉 du reist 君は旅行する　　　　　　　（× du reisst）
　　　du küsst 君はキスする　　　　　　　（× du küssst）
　　　du heißt 君は～という名前である　　（× du heißst）
　　　du tanzt 君は踊る　　　　　　　　　（× du tanzst）

形の上では 3 人称単数の場合と同じ形になります．

(4) 語幹が –b, –g で終わるもの
　これらの動詞は，規則どおりに書かれますが，2 人称単数・2 人称複数・3 人称単数で語幹の発音がそれぞれ [-p], [-k] となります．

〈例〉 leben　　[léːbən]　生きる　　　　sagen　[záːgən]　言う
　　　du lebst [leːpst]　君は生きる　　du sagst [zaːkst]　君は言う
　　　er lebt　[leːpt]　彼は生きる　　sie sagt [zaːkt]　彼女は言う
　　　ihr lebt [leːpt]　君たちは生きる　ihr sagt [zaːkt]　君たちは言う

この発音の変化は，–b, –g が音節末に来るためです（cf. 1.4）．

2.3　不定詞句と定動詞の位置（1）

　熟語をあげる場合のように，不定詞に目的語や副詞などをつけたものを**不定詞句**と言います．不定詞句では，どれほど長いものでも，動詞が一番最後に置かれます．

〈例〉 *lernen*　　　　　　勉強する　　　　　　（cf. *(to)* ***learn***）
　　　Deutsch *lernen*　　ドイツ語を勉強する　　（cf. *(to)* ***learn*** *German*）
　　　heute Deutsch *lernen*　　　　　　　　　（cf. *(to)* ***learn*** *German today*）
　　　　　　　　　　　　今日ドイツ語を勉強する

　動詞と意味のつながりが深いものほど動詞の近くに来るため，結果的にだいたい日本語と同じ語順になります．また，一般に英語とは反対の語順になります．

◇ 定動詞第 2 位の原則

　人称変化した動詞のことを，不定詞と区別して，**定動詞（定形）**と呼ぶことがあります．「人称や時制や法が定まった動詞」という意味です（法については 13.1 を参照）．定動詞は，文の先頭から数えて 2 番目の位置に置かれます．これを「定動詞（定形）第 2 位の原則」といいます．

〈例〉Ich *lerne* Deutsch.　　　私はドイツ語を勉強する．
　　　 Ich *lerne* heute Deutsch. 私は今日ドイツ語を勉強する．

　不定詞句をもとにして考えると，通常の場合，定動詞以外の要素は不定詞句の場合と同じ語順になります．定動詞第 2 位の原則さえ守られていれば，それ以外の要素の語順は比較的自由です．例えば，主語以外のものが文頭に来ることもまれではありませんが，それでも正しい文になります（代名詞はできるだけ定動詞の近くにおきます）．ただし，語順によってニュアンスが異なってくる場合もあります．

〈例〉Heute *lerne* ich Deutsch. 今日私はドイツ語を勉強する．
　　　 Deutsch *lerne* ich heute.　ドイツ語を私は今日勉強する．

◇ 疑問文の語順（定動詞第 1 位）

　定動詞を文の先頭の要素にすると，それだけで疑問文ができあがります．つまり，定動詞が第 1 位に置かれます．この場合，イントネーションを上げるのが普通です．英語の *do* のような助動詞を使う必要はありません．

〈例〉*Lernen* Sie jetzt Französisch?
　　　　今フランス語を勉強してるんですか？ cf. Schlüsselsatz 2-1

◇ 疑問詞を含む疑問文

　上の例のように「はい（ja）」や「いいえ（nein）」で答える疑問文の場合，定動詞第 1 位になりますが，疑問詞を含む疑問文の場合，疑問詞が先頭に来るので，結果的に定動詞が第 2 位に置かれます．

〈例〉 Wo *wohnst* du jetzt?
　　　　　　　　　　君は今どこに住んでるの？ cf. Schlüsselsatz 2-3

◇ 否定文の作り方

　英語の *do* のような助動詞を使わず，nicht を加えるだけで否定文ができます．特定の要素を否定する場合はその要素の前に nicht を置きます．

〈例〉 Ich lerne *nicht* Französisch, sondern Deutsch.
　　　　フランス語ではなくドイツ語を勉強してます． cf. Schlüsselsatz 2-2

　ただし，否定される要素が名詞の場合は，否定冠詞 kein（cf. 4.4）を使います．

〈例〉 Leider habe ich *keine* Zeit.
　　　　残念ながら時間がありません［時間をもっていません］．
　　　　　　　　　　　　　　　　　　　　　　　cf. Schlüsselsatz 2-4

◇ 語順に影響を与えない接続詞

　und（そして，〜と〜），aber（しかし，でも），oder（あるいは），denn（なぜなら）のような接続詞（等位接続詞）は，後に続く定動詞の語順に影響を与えません．つまり，ゼロ番目の要素と見なされます（cf. Schlüsselsätze 2-4, 2-5）．

〈例〉 Aber leider *habe* ich keine Zeit. でも残念ながら時間がないんです．
　　　 Julia *wohnt* in München und Daniel *wohnt* in Berlin.
　　　　　　ユーリアはミュンヘン，ダニエルはベルリンに住んでいる．

2.4 動詞の変化：sein

sein の現在人称変化

ich	bin	wir	sind [zint]
du	bist	ihr	seid [zait]
er sie es	ist	sie (Sie)	sind [zint]

　非常に不規則ですが，英語の *be* 動詞にあたるものなので，よく覚えておく必要があります．複数のものは発音にも注意してください．なお，1人称複数と3人称複数は sind という同じ形になりますが，不定詞 sein とは違う形になっています (cf. 2.2)．

2.5 動詞の変化：haben

haben の現在人称変化

ich	habe	wir	haben
du	**hast**	ihr	hab**t** [haːpt]
er sie es	**hat**	sie (Sie)	hab**en**

　こちらは英語の *have* にあたる動詞です．2人称単数と3人称単数がやや不規則です（× du habst，× er/sie/es habt）．とはいえ，残りの人称は普通の現在人称変化と同じです．

Übung 1 イタリックの箇所を指示にしたがって変化させなさい．
Lernen Sie jetzt Französisch?（主語を du, er, sie［彼女］, ihr に変える）

du	– *Lernst du* jetzt Französisch?
er	– *Lernt er* jetzt Französisch?
sie	– *Lernt sie* jetzt Französisch?
ihr	– *Lernt ihr* jetzt Französisch?

Übung 2 イタリックの箇所を指示にしたがって置き換えなさい．
Nein, ich lerne nicht Französisch, sondern *Deutsch*.
（指定の言語名に置き換える）

英語	– Nein, ich lerne nicht Französisch, sondern *Englisch*.
日本語	– Nein, ich lerne nicht Französisch, sondern *Japanisch*.
ドイツ語	– Nein, ich lerne nicht Französisch, sondern *Deutsch*.

Übung 3 イタリックの箇所を指定の語句に置き換えなさい．
Ich bin *noch in Osaka*.（私はまだ大阪にいる）

もうすぐ東京につく	– Ich bin *bald in Tokio*.
まだミュンヘンにいない	– Ich bin *noch nicht in München*.
もうベルリンにいる	– Ich bin *schon in Berlin*.
まだ大阪にいる	– Ich bin *noch in Osaka*.

Übung 4 イタリックの箇所を指示にしたがって置き換えなさい．
Aber leider habe ich keine Zeit.
（指定の主語 + 目的語の組み合わせに置き換える）

er, keinen Hunger	– Aber leider *hat er keinen Hunger*.
wir, keine Lust	– Aber leider *haben wir keine Lust*.
sie［彼ら］, *kein Geld*	– Aber leider *haben sie kein Geld*.
ich, keine Zeit	– Aber leider *habe ich keine Zeit*.

*kein, keine, keinen などと変化するのは，後に続く名詞の性が異なるため (cf. 1. 5, 4. 4)．

単語リスト

Nr.	Vokabeln		Japanisch
1	Lektion, die	*f.* – / –en	課，レッスン
2	ich	*pron.*	私（は）
3	du	*pron.*	君（は）
4	er	*pron.*	彼（は）
5	sie	*pron.*	彼女（は）
6	es	*pron.*	それ（は）
7	wir	*pron.*	私たち（は）
8	ihr	*pron.*	君たち（は）
9	sie	*pron.*	彼（女）ら（は）
10	Sie	*pron.*	あなた（がた）（は）
11	lernen	*vt.*	学ぶ，勉強する，習う
12	Englisch, das	*n.* –(s) /	英語
13	Deutsch, das	*n.* –(s) /	ドイツ語
14	ja	*adv.*	はい
15	nein	*adv.*	いいえ
16	nicht	*adv.*	～ない
17	nicht A, sondern B		AでなくB
18	aber	*konj.*	しかし，でも
19	und	*konj.*	そして，～と～
20	sein	*vi. (s.)* sein – war – gewesen	～だ，である
21	müde	*adj.*	疲れた
22	schön	*adj.*	美しい
23	haben	*vt.* haben – hatte – gehabt	持っている
24	leider	*adv.*	残念ながら
25	Zeit, die	*f.* – / –en	時間
26	jetzt	*adv.*	今
27	Hunger, der	*m.* –s /	飢え，空腹感

Nr.	Vokabeln		Japanisch
28	Durst, der	*m.* –(e)s /	喉の渇き
29	Lust, die	*f.* – /	（～したいという）気持ち
30	Geld, das	*n.* –(e)s /	お金
31	kein		一つも～ない（cf. Lektion 4）
32	wohnen	*vi.* (*h.*)	住んでいる
33	in	*präp.*	～に，～で（cf. Lektion 6）
34	kommen	*vi.* (*s.*) kommen – kam – gekommen	来る
35	gehen	*vi.* (*s.*) gehen – ging – gegangen	行く
36	nach Hause		家へ
37	heute	*adv.*	今日
38	morgen	*adv.*	明日
39	bald	*adv.*	まもなく
40	noch	*adv.*	まだ
41	schon	*adv.*	もう，すでに
42	Japanisch, das	*n.* –(s) /	日本語
43	Französisch, das	*n.* –(s) /	フランス語
44	alt	*adj.*	年老いた；古い
45	jung	*adj.*	若い
46	heißen	*vi.* (*h.*) heißen – hieß – geheißen	～という名前である
47	bedeuten	*vt.*	～を意味する
48	wann	*adv.*	いつ
49	wo	*adv.*	どこに，どこで
50	wie	*adv.*	どのように

m. 男性名詞　　*f.* 女性名詞　　*n.* 中性名詞　　　–(e)s / –e 単数 2 格 / 複数 1 格
sg. 単数　　*pl.* 複数　　*vt.* 他動詞　　*vi.* 自動詞　　(*h.*) haben 支配　　(*s.*) sein 支配
vr. 再帰動詞　　heißen – hieß – geheißen 不定形 – 過去基本形 – 過去分詞　　*adj.* 形容詞
adv. 副詞　　*konj.* 接続詞　　*präp.* 前置詞　　*pron.* 代名詞

Lektion 3　動詞の現在人称変化（2）

Schlüsselsätze

3-1. **Er fährt bald nach Hause.**
　　　彼はもうすぐ家に帰る．
3-2. **Du sprichst gut Französisch.**
　　　君はフランス語を話すのがうまい．
3-3. **Siehst du den Studenten dort?**
　　　むこうにいる大学生が見える？
3-4. **Es gibt hier viele Autos.**
　　　ここにはたくさんの自動車がある．
3-5. **Das Buch gehört der Mutter des Kindes.**
　　　その本はその子の母のものだ．

3.1　動詞の変化：現在（2a）

　Lektion 2で学んだ動詞の現在人称変化では，語尾だけが変化し，語幹は同じ形でした．しかし，一部の動詞は**語幹の母音が2人称単数・3人称単数で変化**します．これには大きく分けて2つのタイプがあります．
　第1のタイプは，**a → ä 型**です．fahren（［乗り物で］行く）という動詞の例を見てみましょう．

fahren の現在人称変化

ich	fahre	wir	fahr**en**
du	fährst	ihr	fahr**t**
er sie es	fährt	sie (Sie)	fahr**en**

人称語尾は，2.2で出てきたものと同じです．このタイプに属する動詞に，fallen（落ちる），lassen（～させる），schlafen（眠る），tragen（持ち運ぶ）などがあります．それほど数は多くありませんが，よく使われるものばかりです．また，これらの動詞から作られる派生語も，同じa→ä型になります（例：gefallen（気に入られる），verlassen（去る）など）．また，halten（保つ）→ er/sie/es hält のように，語幹（hält–）と語尾（–t）が融合してしまうものもあります．

同じくa→ä型の動詞 laufen（走る，歩く）の場合，つづり上はaにウムラウトがついて語幹が äu [ɔY] になるだけですが，発音は eu [ɔY] と同じになります．

3.2 動詞の変化：現在（2b）

語幹の母音が変化する第2のタイプは，**e → i / ie 型**です．普通，語幹のeが短音なら i に，長音なら ie に変化します．例として，sprechen（話す・語幹は短母音）と sehen（見る・語幹は長母音）をあげます．a→ä型と同様，語尾は普通の現在人称語尾のままです．

sprechen（e → i 型）の現在人称変化

ich	spreche	wir	sprechen
du	sprichst	ihr	sprecht
er sie es	spricht	sie (Sie)	sprechen

brechen（折る），essen（食べる），helfen（助ける），treffen（出会う）などもこのパターンです．

sehen（e → ie 型）の現在人称変化

ich	sehe	wir	sehen
du	siehst	ihr	seht
er sie es	sieht	sie (Sie)	sehen

empfehlen（推薦する），lesen（読む），stehlen（盗む）などが同じパターンになります。a → ä 型と同様，e → i / ie 型でも派生語は同じように語幹が変化します。

さらに，例外的なものとして，geben（与える），nehmen（取る），treten（踏む）は注意する必要があります。いずれの動詞も語幹は長母音ですが，geben の場合は du gibst [giːpst]，er/sie/es gibt [giːpt] と書くのに，i を [iː] と長く発音します。残りの 2 つは母音が ie ではなく短い i に変化し，語幹自身も少し変則的な形になります。

geben の現在人称変化

ich	gebe [géːbə]		wir	geben
du	gibst [giːpst]		ihr	gebt [geːpt]
er sie es	gibt [giːpt]		sie (Sie)	geben

nehmen の現在人称変化

ich	nehme		wir	nehmen
du	**nimmst**		ihr	nehmt
er sie es	**nimmt**		sie (Sie)	nehmen

treten の現在人称変化

ich	trete		wir	treten
du	**trittst**		ihr	tretet
er sie es	**tritt**		sie (Sie)	treten

なお，最近の辞書では，a → ä 型や e → i / ie 型の動詞を引くと，2人称・3人称単数の現在形が注記してあります．

3.3 定冠詞と性・数・格

ドイツ語の名詞には**男性・女性・中性**という3つの性があります（cf. 1.5）．それぞれ単数と複数があり，さらにそれが4つの格をもちます．1格から順番にだいたい主格（～は・が）・所有格（～の）・間接目的格（～に）・直接目的格（～を）の役目を果たします．

複数になると性の区別はなくなります．男性・女性・中性・複数という4パターンがそれぞれ4つの格をもつので，合わせて16の組み合わせがあることになります．この16の組み合わせにしたがって，たとえば，定冠詞は次のように変化します．

	単数 *sg.*			複数 *pl.*
	男性 *m.*	女性 *f.*	中性 *n.*	
1格（～は）	der	die	das	die
2格（～の）	des	der	des	der
3格（～に）	dem	der	dem	den
4格（～を）	den	die	das	die

16通りがすべて別の形になるわけではありません．よく見ると，男性と中性，女性と複数はそれぞれよく似ています．定冠詞の1格の形 der, die, das, die を見ると，代名詞の er, sie, es, sie とも似た形になっています．なお，定冠詞のように性・数・格で形が変わる語を辞書で引くときは，男性・単数・1格の形を調べるきまりです（定冠詞なら der）．

◇ 名詞の変化

冠詞がこれだけ変化してくれるので，名詞のほうでは格によって変化することはあまりありません．ただし，複数形はふつう単数形と別の形になります．英語は複数形で –s をつけるものがほとんどですが，ドイツ語の複数形はもうちょっと複雑です．およそ次の5つの型に分類することができます．語幹に a, o, u, au が含ま

れる場合，その音がウムラウトするものもあります．

	ウムラウトしない例		ウムラウトする例	
(1) 無語尾型	der Fahrer（運転手）	die Fahrer	die Mutter（母）	die M**ü**tter
(2) E 型	der Tag（日）	die Tag**e**	die Nacht（夜）	die N**ä**cht**e**
(3) ER 型	das Kind（子供）	die Kind**er**	das Haus（家）	die H**äu**s**er**
(4) (E)N 型	die Frau（女）	die Frau**en**	なし	
(5) S 型	das Auto（自動車）	die Auto**s**	なし	

辞書で名詞を引くと，見出し語（単数1格）の後に名詞の性の表記があり，それに続いて，単数2格と複数1格が記されています．自分の辞書でどのように表記されているかを確かめてみてください．

　　　Fahrer　男　–s / –　　　　die Mutter *f.*　– / Mütter

単数1格，単数2格，複数1格の形がわかると，単数・複数の1格から4格までの形がすべてわかります．

(1) 男性名詞＋中性名詞

　　単数1格　–　　　　　　　複数1格　複数形
　　単数2格　–(e)s　　　　　 複数2格　複数形
　　単数3格　–(e)　　　　　　複数3格　複数形＋n（S 型と (E)N 型を除く）
　　単数4格　–　　　　　　　複数4格　複数形

男性と中性それぞれの例として der Tag と das Haus に定冠詞をつけてみましょう．

　　辞書の記載例：Tag　*m.*　–(e)s / –e
　　　単数1格　der　Tag　　　　　複数1格　die　Tage
　　　単数2格　des　Tag(e)s　　　 複数2格　der　Tage
　　　単数3格　dem　Tag(e)　　　 複数3格　den　Tagen
　　　単数4格　den　Tag　　　　　複数4格　die　Tage

辞書の記載例：Haus　*n.*　–es / Häuser
　　単数 1 格　　das　Haus　　　　**複数 1 格**　　die　Häuser
　　単数 2 格　　des　Hauses　　　複数 2 格　　der　Häuser
　　単数 3 格　　dem　Haus(e)　　複数 3 格　　den　Häusern
　　単数 4 格　　das　Haus　　　　複数 4 格　　die　Häuser

単数 2 格は，–s, –ß, –t, –z などで終わる語の場合，–s だけをつけると発音しにくいので –es をつけます．逆に，–em, –en, –el, –er で終わる語の場合，–s だけをつけます．単数 3 格の –e は慣用句（例：nach Hause）を除くと現在ではほとんど使われません．

なお，男性名詞でも，単数 2 格と複数 1 格が同じ –(e)n で終わるものは注意が必要です．

　　Student　*m.*　–en / –en

これは**男性弱変化名詞**とよばれるもので，次のような変化をします．単数 1 格以外がすべて同じ形になります．

辞書の記載例：Student　*m.*　–en / –en
　　単数 1 格　　der　Student　　　**複数 1 格**　　die　Studenten
　　単数 2 格　　des　Studenten　　複数 2 格　　der　Studenten
　　単数 3 格　　dem　Studenten　　複数 3 格　　den　Studenten
　　単数 4 格　　den　Studenten　　複数 4 格　　die　Studenten

(2) 女性名詞
　　男性・中性名詞に比べて，女性名詞はもう少し単純です．単数形ではまったく変化がありません．ただ，男性や中性と同じように複数 3 格は –n がつくことに注意してください．

　　　単数 1 格　　　–　　　　　　**複数 1 格**　　複数形
　　　単数 2 格　　　–　　　　　　複数 2 格　　複数形
　　　単数 3 格　　　–　　　　　　複数 3 格　　複数形 +n（(E)N 型と S 型を除く）
　　　単数 4 格　　　–　　　　　　複数 4 格　　複数形

例として die Nacht に定冠詞をつけてみましょう．

辞書の記載例：Nacht *f.* – / Nächte
　　単数1格　die Nacht　　　　**複数1格**　die Nächte
　　単数2格　der Nacht　　　　複数2格　der Nächte
　　単数3格　der Nacht　　　　複数3格　den Nächten
　　単数4格　die Nacht　　　　複数4格　die Nächte

3.4　格の基本的用法

1格から4格は，おおよそ日本語の「～は（が），～の，～に，～を」に相当します．ただし，これは目安でしかありません．日本語や英語の発想とは違う格が用いられたり，動詞や形容詞や前置詞との組み合わせで特定の格を使わなければいけなかったり，細かいことを言い出すとかなり複雑です．以下，単語の右上についている数字は格を表します．

　1格：文の主語になる（「～は(が)」）．sein などの動詞の補語となる．タイトル・
　　　　見出しにも使う．
　　Das ist *mein Lehrer.*　これは私の先生です．
　　Der Untergang『滅亡』（2004年公開の映画タイトル．邦題『ヒトラー　最期
　　の12日間』）

　2格：所有格を表す（「～の」）．2格をとる前置詞（wegen など）と一緒に使う．
　　　　注意すべき用例：*et.*² bedürfen（～を必要とする），sich⁴ *et.*² bedienen（～
　　　　　　　　　　　　を使用する）
　　Er bediente sich oft *eines Vergleichs.*　彼はしばしばたとえを用いた．

　3格：間接目的格を表す（「～に」）．3格をとる前置詞（aus, mit など）と一緒に
　　　　使う．
　　　　注意すべき用例：*et.*³ ähnlich（～に似た），*jm.* helfen（～を助ける），
　　　　　　　　　　　　jm. gefallen（～に好まれる）
　　Sie sieht *ihrer Mutter* sehr ähnlich aus. 彼女は母親にとてもよく似ている．
　　（ihrer Mutter は2格と同形だが，ähnlich が3格支配の形容詞なので3格だ
　　と判断できる）

4格：直接目的語を表す（「〜を」）．4格をとる前置詞（für, ohne など）と一緒に使う．
注意すべき用例：jn. anrufen（〜に電話する），jn. et.[4] lehren（〜に〜を教える）
Gestern Abend habe ich *dich* angerufen, aber du warst nicht da. 昨日の晩，私は君に電話をかけたが，君はいなかった．

3.5　数：基数

◇ 0〜99までの基数

0 〜 12： 基本となる数なのでまずはこれをしっかり覚えてください．
13 〜 19： 原則は「1の位 + 10 (zehn)」です．16と17では綴りと発音が少し変則的になります．
10の倍数： 2 〜 9 の数に –zig をつけてつくります．ただし，20と30に注意してください．70と80では綴りと発音が少し変則的になります．
21 〜 99： 原則は「1の位 + und + 10の倍数」です．ただし，1の位が1のとき (21, 31, 41...) は eins でなく ein を使います．つづりを書く場合，1語としてつなげて書きます．

0	null						
1	eins	11	elf	21	einundzwanzig	10	zehn
2	zwei	12	zwölf	22	zweiundzwanzig	20	zwanzig
3	drei	13	dreizehn	23	dreiundzwanzig	30	dreißig
4	vier	14	vierzehn	24	vierundzwanzig	40	vierzig
5	fünf	15	fünfzehn	25	fünfundzwanzig	50	fünfzig
6	sechs	16	sechzehn [zéçtse:n]	26	sechsundzwanzig	60	sechzig [zéçtsıç]
7	sieben	17	siebzehn [zí:ptse:n]	27	siebenundzwanzig	70	siebzig [zí:ptsıç]
8	acht	18	achtzehn	28	achtundzwanzig	80	achtzig
9	neun	19	neunzehn	29	neunundzwanzig	90	neunzig
10	zehn	20	zwanzig [tsvántsıç]	30	dreißig [dráisıç]		

41　einundvierzig
67　siebenundsechzig
99　neunundneunzig

◇ 100以上の基数

100万未満は，100（hundert）と1000（tausend）を使って表現します．100万は数詞ではなく女性名詞なので，不定冠詞 eine をつけます（cf. 4. 4）．200万以上の場合は，複数形 Millionen を使います．

大きな数の場合，3桁ごとにコンマではなくピリオドを入れることがあります．逆に，小数点は，ピリオドではなくコンマを使います．なお，つづりを書く場合，100万未満の数は1語としてつなげて書きます．

100	(ein)hundert
200	zweihundert
432	vierhundertzweiunddreißig
1000	(ein)tausend
2015	zweitausendfünfzehn
300.000	dreihunderttausend
1.000.000	eine Million
30.000.000	dreißig Millionen
0,25	null Komma zwei fünf（もしくは null Komma fünfundzwanzig）

年号は，1000と100の位を100の倍数で表します．ただし，2000年代は通常の言い方で，2015年なら zweitausendfünfzehn と言います．年号には，英語の in のような前置詞はつけません．
1983　neunzehnhundertdreiundachtzig
Sie ist 1983 geboren. 彼女は1983年生まれだ．

Übung 1 イタリックの箇所を指示にしたがって変化させなさい．
Er fährt bald nach Hause. (主語を ich, du, wir, ihr, Sie, er に変える)

ich	– *Ich fahre* bald nach Hause.
du	– *Du fährst* bald nach Hause.
wir	– *Wir fahren* bald nach Hause.
ihr	– *Ihr fahrt* bald nach Hause.
Sie	– *Sie fahren* bald nach Hause.
er	– *Er fährt* bald nach Hause.

Übung 2 イタリックの箇所を指示にしたがって置き換えなさい．
Du sprichst gut *Französisch*. (指定の主語＋目的語の組み合わせに置き換える)

ダニエル，英語	– *Daniel spricht* gut *Englisch*.
彼ら，中国語	– *Sie sprechen* gut *Chinesisch*.
君たち，スペイン語	– *Ihr sprecht* gut *Spanisch*.
ユーリア，韓国語	– *Julia spricht* gut *Koreanisch*.
君，フランス語	– *Du sprichst* gut *Französisch*.

Übung 3 イタリックの箇所を指定の語句に置き換えなさい．
Siehst du *den Studenten* dort? (むこうにいる大学生が見える？)

家	– Siehst du *das Haus* dort?
女性	– Siehst du *die Frau* dort?
男性	– Siehst du *den Mann* dort?
子供たち	– Siehst du *die Kinder* dort?

Übung 4　イタリックの箇所を指示にしたがって置き換えなさい．
　　Es gibt *hier viele Autos*.
　　　　（最初の語句を文頭に出して「～がある，～がない」という文を作る）

　　　dort, nicht viele Bücher　　　　－ *Dort* gibt es *nicht viele Bücher*.
　　　heute, nur wenige Menschen　　－ *Heute* gibt es *nur wenige Menschen*.
　　　jetzt, 45 Schüler　　　　　　　－ *Jetzt* gibt es *45 Schüler*.
　　　morgen, keine Sitzungen　　　　－ *Morgen* gibt es *keine Sitzungen*.
　　　hier, viele Autos　　　　　　　－ *Hier* gibt es *viele Autos*.
　　　*viele, wenige でつく -e という語尾は複数4格を表わす（cf. 9. 2）

Übung 5　イタリックの箇所を指示にしたがって置き換えなさい．
　　Das Buch gehört *der Mutter des Kindes*.
　　　　（指定の主語＋3格目的語の組み合わせに置き換える．動詞の変化にも注意）

　　　die Wohnung, dem Mann　　　－ *Die Wohnung* gehört *dem Mann*.
　　　die Autos, den Lehrern　　　　－ *Die Autos* gehören *den Lehrern*.
　　　der Computer, dem Mädchen　　－ *Der Computer* gehört *dem Mädchen*.
　　　die Karten, der Studentin　　　－ *Die Karten* gehören *der Studentin*.
　　　das Theater, der Stadt　　　　　－ *Das Theater* gehört *der Stadt*.

単語リスト

Nr.	Vokabeln		Japanisch
51	fahren	vi.(s.) fahren – fuhr – gefahren	乗り物で行く
52	schlafen	vi.(h.) schlafen – schlief – geschlafen	眠る
53	sprechen	vt. sprechen – sprach – gesprochen	話す
54	gut	adj. / adv.	良い；うまく
55	sehen	vt. sehen – sah – gesehen	見る
56	essen	vt. essen – aß – gegessen	食べる
57	helfen	vi.(h.) helfen – half – geholfen	(jm. ～を) 助ける
58	geben	vt. geben – gab – gegeben	与える
59	nehmen	vt. nehmen – nahm – genommen	取る
60	treten	vi.(s.)/vt. treten – trat – getreten	歩む；踏む
61	Student, der	m. –en / –en	(男の) 大学生
62	hier	adv.	ここに
63	dort	adv.	そこに，あそこに
64	es gibt ＋4格		～がある
65	viel	adj.	たくさんの
66	Auto, das	n. –s / –s	自動車
67	Buch, das	n. –(e)s / Bücher	本
68	gehören	vi. (h.)	(jm.) ～のものだ
69	Mutter, die	f. – / Mütter	母
70	Vater, der	m. –s / Väter	父
71	Kind, das	n. –(e)s / –er	子供
72	Frau, die	f. – / –en	女；妻；(女性に) ～さん
73	Mann, der	m. –(e)s / Männer	男；夫
74	Herr, der	m. –n / –en	紳士；(男性に) ～さん
75	Haus, das	n. –es / Häuser	家
76	Chinesisch, das	n. –(s) /	中国語
77	Spanisch, das	n. –(s) /	スペイン語

Nr.	Vokabeln		Japanisch
78	Kore<u>a</u>nisch, das	*n.* –(s) /	朝鮮（韓国）語
79	nur	*adv.*	ただ〜だけ，〜しかない
80	w<u>e</u>nig	*adj.*	少しの，わずかの
81	M<u>e</u>nsch, der	*m.* –en / –en	人間，人
82	Sch<u>ü</u>ler, der	*m.* –s / –	（男の）生徒（高校以下）
83	Sch<u>ü</u>lerin, die	*f.* – / –nen	（女の）生徒（高校以下）
84	S<u>i</u>tzung, die	*f.* – / –en	会議
85	W<u>o</u>hnung, die	*f.* – / –en	住居，住まい
86	F<u>a</u>hrer, der	*m.* –s / –	（男の）運転手
87	L<u>e</u>hrer, der	*m.* –s / –	（男の）先生
88	L<u>e</u>hrerin, die	*f.* – / –nen	（女の）先生
89	Comp<u>u</u>ter, der	*m.* –s / –	コンピューター
90	M<u>ä</u>dchen, das	*n.* –s / –	女の子，少女
91	K<u>a</u>rte, die	*f.* – / –n	チケット；カード
92	Stud<u>e</u>ntin, die	*f.* – / –nen	（女の）大学生
93	The<u>a</u>ter, das	*n.* –s / –	劇場
94	St<u>a</u>dt, die	*f.* – / Städte	町，都市
95	M<u>o</u>rgen, der	*m.* –s / –	朝
96	T<u>a</u>g, der	*m.* –(e)s / –e	日，昼
97	<u>A</u>bend, der	*m.* –s / –e	夕方，晩
98	N<u>a</u>cht, die	*f.* – / Nächte	夜
99	l<u>au</u>fen	*vi.(s.)* laufen – lief – gelaufen	走る；歩く
100	l<u>e</u>sen	*vt.* lesen – las – gelesen	読む

m. 男性名詞　　*f.* 女性名詞　　*n.* 中性名詞　　–(e)s / –e　単数 2 格 / 複数 1 格
sg. 単数　*pl.* 複数　*vt.* 他動詞　*vi.* 自動詞　　(*h.*) haben 支配　　(*s.*) sein 支配
vr. 再帰動詞　　heißen – hieß – geheißen　　不定詞 – 過去基本形 – 過去分詞
adj. 形容詞　　*adv.* 副詞　　*konj.* 接続詞　　*präp.* 前置詞　　*pron.* 代名詞
js. (=*jemandes*) 人の 2 格（誰かの）　　*jm.* (=*jemandem*) 人の 3 格（誰かに）
jn. (= *jemanden*) 人の 4 格（誰かを）
*et.*² (= *et*was) 物の 2 格（何かの）　　*et.*³ 物の 3 格（何かに）　　*et.*⁴ 物の 4 格（何かを）

Lektion 4　話法の助動詞

Schlüsselsätze

4-1. Hier darf man nicht rauchen.
　　 ここでタバコを吸ってはならない．
4-2. Können Sie Auto fahren?
　　 あなたは車を運転できますか？
4-3. Sie hört ihn meinen Namen rufen.
　　 彼女は彼が私の名前を呼ぶのを聞く．
4-4. Hoffentlich weißt du das schon.
　　 君がもうそのことを知ってるといいのだけど．
4-5. Welches Buch gefällt Ihrem Vater?
　　 あなたのお父さんはどの本が好きですか？

4.1　話法の助動詞

　英語では *can, may, must, shall* などを単に助動詞といいますが，ドイツ語でこれに相当するものは，**話法の助動詞**（Modalverb）と呼ばれます．わざわざ「話法の」とつけるのは，未来時制や完了時制（Lektion 8）を作るときの助動詞と区別するためです．ひとまず「話法」とは，「…は〜する」というストレートな判断に対して，「〜するかもしれない」「〜するだろう」「〜してよい」「〜しなければならない」など，ちょっと変化をつけた判断のことと思ってください．

　英語の助動詞は，主語にかかわらずいつも同じ形になりますが（3人称単数現在でも –s をつけない），ドイツ語の話法の助動詞には人称変化があります．しかも，これまでに学んだ動詞とはちょっと違う活用をします．まずは，英語の *can* にあたる können の現在人称変化を見てみましょう．複数の変化はこれまで見てきた動詞と変わりませんが，単数では，語幹がそろって別の形になり（könn- → kann-），しかも，1人称単数と3人称単数では語尾がつきません．

können の現在人称変化

ich	**kann**	wir	könn**en**
du	**kannst**	ihr	könn**t**
er / sie / es	**kann**	sie (Sie)	könn**en**

話法の助動詞は全部で 6 個あります．英語の助動詞と同じく，それぞれにいろいろな意味があります．およその目安としてほぼ同じ意味になる英語の表現をそえておきます．

dürfen	～してよい（許可）	may
	［否定］～してはならない（禁止）	must not
können	～できる（能力）	can
	～してよい（許可）	
	～かもしれない（可能性・推量）	
mögen	～だろう（推量）	may
	～かもしれないが（認容）	
	～（するの）が好きだ（好み）	like to
müssen	～しなければならない（義務・必要）	must
	～にちがいない（推定）	
	［否定］～しなくてもよい	don't have to
sollen	～すべきである（義務）	shall, should
	～するよう言われている（第三者の意志）	be supposed to
	～すると言われている（第三者の主張・うわさ）	be said to
wollen	～したい，～するつもりだ（主語の意志）	want to

Lektion 4　話法の助動詞

それぞれ次のような人称変化をします．

不定詞	dürfen	können	mögen	müssen	sollen	wollen
ich	darf	kann	mag	muss	soll	will
du	darfst	kannst	magst	musst	sollst	willst
er / sie / es	darf	kann	mag	muss	soll	will
wir	dürfen	können	mögen	müssen	sollen	wollen
ihr	dürft	könnt	mögt	müsst	sollt	wollt
sie (Sie)	dürfen	können	mögen	müssen	sollen	wollen

sollen だけは単数と複数の語幹が変わりません．ほかはすべて語幹が変わります．また，最後の wollen は，単数が英語の *will* と似ていますが，**未来の意味はない**ので注意してください．

ついでに，英語の *would like to* に相当する möchte を学んでおきましょう．細かく言うと，これは mögen の接続法 II 式という形なのですが，とてもよく使われる表現なので今のうちに覚えてください（接続法については Lektion 13 参照）．語幹は，単数・複数で変化ありませんが，語尾のつき方が話法の助動詞の現在人称変化と似ています．

möchte の人称変化

ich	möchte	wir	möchten
du	möchtest	ihr	möchtet
er sie es	möchte	sie (Sie)	möchten

もう1つついでに，話法の助動詞と似た変化をする特殊な動詞，wissen「知っている」を見てみましょう．

wissen の現在人称変化

ich	**weiß**	wir	wiss**en**
du	**weißt**	ihr	wiss**t**
er / sie / es	**weiß**	sie (Sie)	wiss**en**

「知っている」と訳される動詞でもう1つ kennen があります．wissen のほうは「ある事情を知っている」を意味し，目的語に das や es，あるいは副文をとります（副文については6.1参照）．kennen のほうは「ある人・物を知っている」という意味で，名詞や代名詞の4格を目的語にとります．

4.2 不定詞句と定動詞の位置（2）

　不定詞句で動詞が一番最後におかれることは2.3で習いました．話法の助動詞が加わる場合，助動詞がさらにその後ろにおかれます．その場合も，不定詞句をもとに文を作るには，一番最後の要素を変化させます．変化した動詞，つまり定動詞が第2位におかれることも，これまで習ったケースと同様です．

〈例〉1　heute Deutsch *lernen*
　　　　今日ドイツ語を勉強する
　　　2　heute Deutsch lernen *müssen*
　　　　今日ドイツ語を勉強しなければならない

　　1')　Ich *lerne* heute Deutsch.
　　　　私は今日ドイツ語を勉強する．
　　2')　Ich *muss* heute Deutsch lernen.
　　　　私は今日ドイツ語を勉強しなければならない．
　　1")　Heute *lerne* ich Deutsch.
　　　　今日私はドイツ語を勉強する．
　　2")　Heute *muss* ich Deutsch lernen.
　　　　今日私はドイツ語を勉強しなければならない．

つまり，話法の助動詞をもちいる場合，いわゆる本動詞（上の例で言えば lernen）が**文末**におかれて，話法の助動詞と本動詞が残りの要素をサンドイッチすることになります（このような語順を**枠構造**と呼ぶことがあります）．

疑問文の場合，話法の助動詞が文頭に来ますが，本動詞が文末におかれるのは，平叙文のときと同様です．

〈例〉2''') *Muss* ich heute Deutsch lernen?
　　　　　私は今日ドイツ語を勉強しなければなりませんか？

◇ 話法の助動詞の複合用法

英語で *can*（～できる）と *must*（～にちがいない）を同じ文の中で続けて使うことはできません．そのため，*can* のほうを *be able to* で言い換えることになります（e.g.: *He must be able to drive.*）．ところが，ドイツ語ではこのような面倒なことをする必要がありません．不定詞句から考えてみましょう．

〈例〉Auto fahren *können*　　　　　車を運転できる
　　→ Sie *kann* Auto fahren.　　　彼女は車を運転できる．
　　Auto fahren können *müssen*　　車を運転できるにちがいない
　　→ Sie *muss* Auto fahren können.
　　　　　　　　　　　　　　　彼女は車を運転できるにちがいない．
　　sehr gut Auto fahren können sollen
　　　　　　　　　　　　とてもうまく車を運転できると言われている
　　→ Sie *soll* sehr gut Auto fahren können.
　　　　　　　　　　　　　　　彼女はとても車の運転がうまいらしい．

◇ 話法の助動詞の独立用法

本動詞とペアで使われるのが基本ですが，本動詞が文脈から明らかな場合などは，省略されることがあります．

〈例〉*Darf* man hier rauchen? ここでタバコを吸ってもいいですか？
　　－ Nein, hier *darf* man nicht (*rauchen*). いいえ，ここではダメです．

Sie *kann* drei Sprachen （*sprechen*）．
　　彼女は 3 ヶ国語話せる．（sprechen を入れるとやや不自然になります）

特に，方向を表わす語句がある場合，移動を表わす本動詞はよく省かれます．

〈例〉Er *muss* bald nach Hause （*fahren*）．
　　彼はもうすぐ家に帰らなければならない．

そのほか，本動詞に近い用法もあります．

〈例〉Ich *mag* den Studenten nicht.　　私はその大学生が好きでない．

◇ 使役動詞・知覚動詞

話法の助動詞と同様の文型をとるものに，使役動詞の lassen（…に～させる）や，知覚動詞の sehen（…が～するのを見る），hören（聞く），fühlen（感じる）などがあります．

〈例〉Der Schüler liest das Buch.　　　　その生徒はその本を読む．
　　→ Er *lässt* den Schüler das Buch lesen.
　　　　　　　　　　　　　　彼はその生徒にその本を読ませる．
　　Der Student ruft meinen Namen.　その大学生は私の名前を呼ぶ．
　　→ Sie *hört* den Studenten meinen Namen rufen.
　　　　　　　　　　　　　　彼女はその大学生が私の名前を呼ぶのを聞く．

このように，使役動詞や知覚動詞を使った構文では，意味上の主語が（意味上の目的語と同じ）4 格で表わされます．

4.3　冠詞類：定冠詞と DIESER 型

ドイツ語の定冠詞には，性・数・格に応じて 16 のパターンがあることを，3.3 で学びました．der, die, das は英語の *the* に相当しますが，*the* と同じように名詞の前につく *this/these, that/those, every, all, which* などに相当するドイツ語も，定冠詞と非常によく似た変化をします．これらの語をまとめて**定冠詞類**と呼びます

（類とは「〜に似たもの」という意味）．

定冠詞類には次のようなものがあります．すべて男性単数1格の形です．参考までに，だいたい同じ意味の英語をあげておきます．これらの語の代表として dieser を例にとることが多いので，定冠詞類は **DIESER型** とも呼ばれます．

dieser	この，これらの	*this/these*
jener	あの，あれらの	*that/those*
jeder	どの ... も（主に単数で）	*every*
aller	すべての	*all*
mancher	多くの；いくつかの	*many; some*
solcher	そのような	*such*
welcher	どの	*which*

dieser の変化を 3. 3（p. 24）の定冠詞と比較してください．語尾が非常によく似ています．

DIESER 型（定冠詞類）

	m.	*f.*	*n.*	*pl.*
1格	dies*er*	dies*e*	dies*es**	dies*e*
2格	dies*es*	dies*er*	dies*es*	dies*er*
3格	dies*em*	dies*er*	dies*em*	dies*en*
4格	dies*en*	dies*e*	dies*es**	dies*e*

* dieses には dies という別形もある

ほとんどが，定冠詞の d– を dies– に置き換えた形ですが，女性単数1・4格，中性単数1・4格，複数1・4格ではやや不規則です．定冠詞と同様，語尾は文法的に大事な機能を果たしているので，文を読むときにはいつも注意してください．

〈例〉*Welches* Buch（*n. sg.* 1）gehört dem Vater *jener* Schülerin（*f. sg.* 2）？
どの本があの女生徒の父のものですか？
Alle Karten（*pl.* 1）gehören *diesen* Studenten（*pl.* 3）．
すべてのチケットはこの大学生たちのものだ．

後に続く名詞が前後の文脈などから明らかな場合，名詞を省いて代名詞的に使われることもあります．

〈例〉 *Welches* (*n. sg.* 1) gehört dem Vater *jener* Schülerin (*f. sg.* 2) ?
　　　どれ（＝どの本）があの女生徒の父のものですか？
　　　Jeder (*m. sg.* 1) kennt *diesen* Mann (*m. sg.* 4) gut.
　　　だれもがこの男のことをよく知っている．

4.4　冠詞類：不定冠詞と MEIN 型

英語の *a/an* にあたる不定冠詞 ein には複数形がありません．まったく同じ変化をするものに**不定冠詞類**があります．こちらには複数形があるので，不定冠詞類のどれかを覚えておけば，不定冠詞 ein もカバーできます．代表例の mein をとって **MEIN 型**とも呼ばれます．灰色でマークした 3 箇所で**語尾がつかないことを除く**と，実はすべて DIESER 型と同じ語尾です．

不定冠詞

	m.	*f.*	*n.*	*pl.*
1 格	ein	ein*e*	ein	---
2 格	ein*es*	ein*er*	ein*es*	---
3 格	ein*em*	ein*er*	ein*em*	---
4 格	ein*en*	ein*e*	ein	---

MEIN 型（不定冠詞類）

	m.	*f.*	*n.*	*pl.*
1 格	mein	mein*e*	mein	mein*e*
2 格	mein*es*	mein*er*	mein*es*	mein*er*
3 格	mein*em*	mein*er*	mein*em*	mein*en*
4 格	mein*en*	mein*e*	mein	mein*e*

MEIN 型：mein（私の），dein（君の），sein（彼［er］の，それ［es］の），ihr（彼女［sie］の，彼（女）ら［sie］の），unser（私たちの），euer（君た

ちの），Ihr（あなた（がた）[Sie] の），kein（1つも〜ない，cf. Lektion 2），was für ein（どのような，複数形は was für）

4.5　人称代名詞

人称代名詞の1格の形は，動詞の人称変化と一緒に学びました．人称代名詞にも格変化があります．覚えておきましょう．なお，2格は不定冠詞類と形がよく似ていますが，別のものです．今日ではあまり使う機会がありません．

		1人称	2人称	3人称 男性	3人称 女性	3人称 中性
単数	1格	**ich**	**du**	**er**	**sie**	**es**
	2格	meiner	deiner	seiner	ihrer	seiner
	3格	mir	dir	ihm	ihr	ihm
	4格	mich	dich	ihn	sie	es
複数	1格	**wir**	**ihr**		**sie (Sie)**	
	2格	unser	euer		ihrer (Ihrer)	
	3格	uns	euch		ihnen (Ihnen)	
	4格	uns	euch		sie (Sie)	

人称代名詞と一緒に，wer（誰が）と was（何が）も覚えてください．wer は何となく定冠詞に似ています．

1格	wer	1格	was
2格	wessen	2格	---
3格	wem	3格	---
4格	wen	4格	was

Übung 1　イタリックの箇所を指示にしたがって変化させなさい．
Hier darf man nicht *rauchen*.（動詞を指定の語句に変える）

fotografieren	– Hier darf man nicht *fotografieren*.
Rad fahren	– Hier darf man nicht *Rad fahren*.
singen	– Hier darf man nicht *singen*.
rauchen	– Hier darf man nicht *rauchen*.

Übung 2　次の文を指示にしたがって置き換えなさい．
Können Sie Auto fahren?（指定の主語＋不定詞句の組み合わせに置き換える）

du, Ski laufen　　　　　　　　– Kannst du Ski laufen?
（君，スキーをする）
euer Kind, schon lesen　　　　– Kann euer Kind schon lesen?
（君たちの子供，もう本を読む）
ihr, jetzt nach Hause gehen　　– Könnt ihr jetzt nach Hause gehen?
（君たち，今から帰宅する）
es, heute eine Sitzung geben　 – Kann es heute eine Sitzung geben?
（今日会議がある）
Sie, Auto fahren　　　　　　　– Können Sie Auto fahren?
（あなた，車を運転する）

Übung 3 カッコの中の動詞を使って，次の文を「彼女は」で始まる文に書き換えなさい．

Er ruft meinen Namen. (*hören*)
彼は私の名前を呼ぶ． – *Sie hört ihn meinen Namen rufen.*
彼女は彼が私の名前を呼ぶのを聞く．
Die Schülerin liest dieses Buch. (*lassen*)
その生徒はこの本を読む． – *Sie lässt die Schülerin dieses Buch lesen.*
彼女はその生徒にこの本を読ませる．
Ihr Herz schlägt. (*fühlen*) – *Sie fühlt ihr Herz schlagen.*
彼女の心臓が鳴る． 彼女は自分の心臓が鳴るのを感じる．
Du lächelst. (*sehen*) – *Sie sieht dich lächeln.*
君は微笑む． 彼女は君が微笑むのを見る．
Ihr redet auf Russisch. (*hören*)
君たちはロシア語で話す． – *Sie hört euch auf Russisch reden.*
彼女は君たちがロシア語で話すのを聞く．

Übung 4 日本語に合うドイツ語文を答えなさい．

君がもうそのことを知ってるといいんだけど．
 – *Hoffentlich weißt du das schon.*
残念ながら彼はまだそのことを知りません．
 – *Leider weiß er das noch nicht.*
おそらく彼女はその大学生たちを全員知っている．
 – *Wahrscheinlich kennt sie alle Studenten.*
たぶん今日か明日にはあなたもわかるでしょう．
 – *Vielleicht wissen Sie das heute oder morgen.*
もちろん私たちはこの男をよく知っている．
 – *Natürlich kennen wir diesen Mann gut.*

Übung 5　質問に適した文を答えなさい．

Welches Buch gefällt Ihrem Vater?
あなたのお父さんはどの本が好きですか？
　　　　　　　　　　　　　– *Ihm gefällt dieses hier sehr gut.*
　　　　　　　　　　　　　この本が特に好きです．

Wem gehören jene Autos?
あれらの車は誰のですか？
　　　　　　　　　　　　　– *Sie gehören den Lehrerinnen.*
　　　　　　　　　　　　　先生たちのです．

Wie spät ist es jetzt?　　– *Es ist 12 (zwölf) Uhr 37 (siebenunddreißig).*
今何時ですか？　　　　　　12時37分です．

Was für ein Buch möchten Sie lesen?
どんな本が読みたいですか？
　　　　　　　　　　　　　– *Ich möchte jetzt kein Buch lesen.*
　　　　　　　　　　　　　今は本を読みたくない．

Wie viele Sprachen kann die Frau?
その女の人は何ヶ国語しゃべれるの？
　　　　　　　　　　　　　– *Sie soll 6 Sprachen können!*
　　　　　　　　　　　　　6ヶ国語できるらしいよ！

単語リスト

Nr.	Vokabeln		Japanisch
101	dürfen	*modv.* dürfen – durfte – dürfen (gedurft)	～してよい
102	können	*modv.* können – konnte – können (gekonnt)	～できる
103	mögen	*modv.* mögen – mochte – mögen (gemocht)	～が好きだ
104	müssen	*modv.* müssen – musste – müssen (gemusst)	～しなければならない
105	sollen	*modv.* sollen – sollte – sollen (gesollt)	～すべきである
106	wollen	*modv.* wollen – wollte – wollen (gewollt)	～したい
107	lassen	*vt.* lassen – ließ – lassen (gelassen)	～させる，～させておく
108	hören	*vt.*	聞く，聞こえる
109	fühlen	*vt.*	感じる
110	wissen	*vt.* wissen – wusste – gewusst	(ある事情を) 知っている
111	dieser		この，これらの；これ，これら
112	jener		その，それらの；それ，それら
113	jeder		どの…も
114	aller		すべての
115	mancher		多くの；いくつかの
116	solcher		そのような
117	welcher		どの
118	mein		私の
119	dein		君の
120	sein		彼の；それの
121	ihr		彼女の；彼 (女) らの
122	unser		私たちの
123	euer		君たちの
124	Ihr		あなた (がた) の
125	sehr	*adv.*	とても
126	kennen	*vt.* kennen – kannte – gekannt	(ある人・物を) 知っている
127	man	*pron.*	人は (訳さないことが多い)
128	rauchen	*vi. (h.)*	タバコを吸う

Nr.	Vokabeln		Japanisch
129	fotografieren	*vt. / vi. (h.)*	写真を撮る
130	Rad, das	*n.* –(e)s / Räder	自転車；車輪
131	singen	*vt. / vi. (h.)* singen – sang – gesungen	歌う
132	Name, der	*m. sg. 2* –ns, *sg. 3,4* –n / –n	名前
133	rufen	*vt. / vi. (h.)* rufen – rief – gerufen	呼ぶ，叫ぶ
134	auf Russisch		ロシア語で
135	reden	*vt. / vi. (h.)*	話す，語る
136	Herz, das	*n. sg. 2* –ns, *sg. 3* –en, *sg. 4* – / –en	心臓；心
137	schlagen	*vt. / vi. (h.)* schlagen – schlug – geschlagen	打つ，叩く；鳴る
138	lächeln	*vi. (h.)*	微笑む
139	wahrscheinlich	*adv.*	おそらく（確率80％くらい）
140	vielleicht	*adv.*	たぶん，ひょっとすると（確率50％くらい）
141	oder	*konj.*	あるいは，〜か〜
142	natürlich	*adv. / adj.*	もちろん，当然；自然の
143	hoffentlich	*adv.*	〜だとよいのだが，望むらくは
144	gefallen	*vi. (h.)* gefallen – gefiel – gefallen	(*jm.* 〜に) 気に入られる
145	wer	*pron.*	誰が
146	was	*pron.*	何が，何を
147	wie spät		何時
148	Uhr, die	*f.* – / –en	〜時；時計
149	was für ein		どのような
150	Sprache, die	*f.* – / –n	言語，ことば

Lektion 4

m. 男性名詞　　*f.* 女性名詞　　*n.* 中性名詞　　–(e)s / –e　　単数2格 / 複数1格

sg. 単数　　*pl.* 複数　　*vt.* 他動詞　　*vi.* 自動詞　　(*h.*) haben 支配　　(*s.*) sein 支配

vr. 再帰動詞　　heißen – hieß – geheißen　　不定詞 – 過去基本形 – 過去分詞

adj. 形容詞　　*adv.* 副詞　　*konj.* 接続詞　　*präp.* 前置詞　　*pron.* 代名詞

js. (=jemandes) 人の2格（誰かの）　　*jm.* (=jemandem) 人の3格（誰かに）

jn. (=jemanden) 人の4格（誰かを）

et.[2] (=*et*was) 物の2格（何かの）　　*et.*[3] 物の3格（何かに）　　*et.*[4] 物の4格（何かを）

Lektion 5　分離動詞・非分離動詞

Schlüsselsätze

5-1. **Michael kommt um 5 Uhr in Frankfurt an.**
　　ミヒャエルは5時にフランクフルトに着く．
5-2. **Morgen muss seine Schwester sehr früh aufstehen.**
　　明日彼の妹はとても早起きしなければならない．
5-3. **Hoffentlich stellt sie mir ihren Bruder vor.**
　　彼女が私に弟を紹介してくれるといいのだけど．
5-4. **Gib die Hoffnung noch nicht auf!**
　　まだ希望を捨てないで！
5-5. **Seien Sie mir nicht böse!**
　　私に腹を立てないでください！

5.1　分離動詞

　英語の *give*（与える）という動詞に副詞の *up* をつけると *give up*（やめる，諦める）という**熟語**ができ，*for-* という接頭辞をつけると *forgive*（許す）という**派生語**ができます．熟語や派生語は，もとの動詞とあまり関係ない意味になりますが，活用は *give* と同じパターンで，例えば，過去形なら *gave up*, *forgave* となりました．

　　　　　　　　　　　　give
　　　　熟　語　　*give* up
　　　　派生語　　for*give*

　ドイツ語にも同じような熟語や派生語がありますが，*give up* にあたる熟語は，ほとんど1語として意識されます．そのため，不定詞は，副詞にあたる部分と動詞の本体をつなげて書きます．その場合，これまでに見てきた不定詞句と同じように，動詞の本体が一番後ろに置かれます．geben（与える），auf|geben（やめる，諦める），vergeben（許す）の例を見てみましょう．

$$\text{熟 語} \quad \begin{array}{c} geben \\ \text{auf}|geben \end{array}$$
派生語　ver*geben*

　このように動詞本体の前につく auf– や ver– の部分を**前つづり**と呼びます．auf|geben も vergeben も，もとの動詞（この場合は geben）と同じパターンの活用になりますが，auf|geben が活用すると前つづりは分離して文末に移動します．vergeben の ver– の場合，このようなことは起こりません．

〈例〉Er *gibt* die Hoffnung noch nicht *auf*.　彼はまだ希望を捨てない．

　活用すると前つづりが分離する動詞を**分離動詞**と呼びます．辞書では，前つづりと動詞本体の境界を示すために，| のような線（分離線）が入れてあります．分離動詞であることを示すための記号なので，つづりそのものには含まれません．なお，分離動詞では必ず前つづりに**アクセント**が置かれます．

5.2　非分離動詞

　vergeben のように分離しない前つづりのある派生語を，**非分離動詞**と呼びます．非分離動詞の前つづりは数が限られていて，(a) 非分離動詞にしか現れないものと，(b) 分離動詞の前つづりとしても現れるものに分けられます（5.4 参照）．いずれも**アクセント**をもたないのが特徴です．ひとまず (a) に属する be–, emp–, ent–, er–, ge–, ver–, zer– の 7 つを頭に入れておきましょう．以下，非分離動詞の例をあげます．もとの動詞と同じ位置にアクセントがあることに注意してください．

〈例〉	kómmen	来る	*be*kómmen	得る，手に入れる
	kénnen	知っている	*er*kénnen	認識する
	fállen	落ちる	*ge*fállen	〜に好かれる
	stéhen	立っている	*ver*stéhen	理解する

Lektion 5

5.3 不定詞句と定動詞の位置 (3)

　5.1では，分離動詞が活用すると前つづりが文末に移動する，と説明しました．しかし，不定詞句から文の構造を考えると，むしろ，動詞の本体が第2位に移動したために，前つづりだけが後ろに残ったと考えるほうが正確です．その結果，話法の助動詞の場合と同じ**枠構造**ができます (4.2参照)．今度は，例を変えて，kommen（来る），an|kommen（着く・分離動詞），bekommen（得る・非分離動詞）で考えてみましょう．

〈例〉1) früh nach Hause *kommen*　　　　早く家に帰る
　　 2) um 5 Uhr in Frankfurt **an**|*kommen*　5時にフランクフルトに着く
　　 3) jeden Tag viele Briefe *bekommen*　毎日たくさんの手紙をもらう

　　1') Michael *kommt* früh nach Hause.　ミヒャエルは早く家に帰る．
　　2') Michael *kommt* um 5 Uhr in Frankfurt **an**.
　　　　　　　　　　　　　　　　　　ミヒャエルは5時にフランクフルトに着く．
　　3') Michael *bekommt* jeden Tag viele Briefe.
　　　　　　　　　　　　　　　　　　ミヒャエルは毎日たくさんの手紙をもらう．

　an|kommenの場合，動詞本体が活用して定動詞になると，文の先頭から2番目の要素に移動するため，前つづりだけが本来の位置に残されます．bekommenの場合，前つづり（接頭辞）も完全に動詞の一部なのでこのようなことが起こらないのです．

話法の助動詞と一緒に使う場合，分離動詞も非分離動詞も不定詞が文末に来ます．

〈例〉4) früh nach Hause kommen *dürfen*　早く家に帰ってよい
　　 5) um 5 Uhr in Frankfurt an|kommen *müssen*
　　　　　　　　　　5時にフランクフルトに着かなければならない
　　 6) jeden Tag viele Briefe bekommen *sollen*
　　　　　　　　　　毎日たくさんの手紙をもらうと言われている

　　 4') Er *darf* früh nach Hause kommen.　彼は早く家に帰ってもよい．
　　 5') Er *muss* um 5 Uhr in Frankfurt ankommen.
　　　　　　　　　　彼は5時にフランクフルトに着かなければならない．
　　 6') Er *soll* jeden Tag viele Briefe bekommen.
　　　　　　　　　　彼は毎日たくさんの手紙をもらうそうだ．

5.4　分離・非分離の前つづりと派生語

　分離動詞はもともと2語からなる熟語だったものが1語として意識されるようになったと考えられます．だから，さまざまな語が分離動詞をつくる前つづりとなります．一番多いのは副詞に由来するものですが，名詞や形容詞に由来する前つづりなどもあります．

　5.2で述べたように，非分離動詞の前つづりには，(a) 非分離動詞だけに現れるものと，(b) 分離動詞の前つづりにもなるものの2種類があります．(a) のほうは紹介したので，次に (b) に属するもの7つを示しておきましょう．durch–, hinter–, über–, um–, unter–, wider–, wieder– です．なお，wieder– が非分離で使われるのは wiederholen（繰り返す）のときだけです．

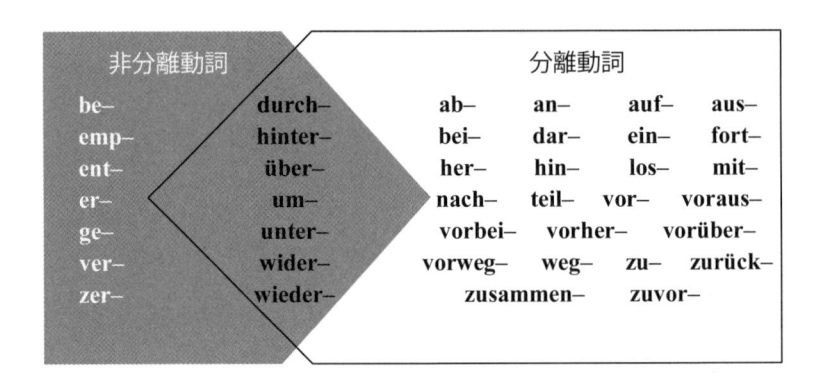

```
         非分離動詞                    分離動詞
      be–      durch–      ab–    an–     auf–   aus–
      emp–     hinter–     bei–   dar–    ein–   fort–
      ent–     über–       her–   hin–    los–   mit–
      er–      um–         nach–  teil–   vor–   voraus–
      ge–      unter–      vorbei– vorher–       vorüber–
      ver–     wider–      vorweg– weg–   zu–    zurück–
      zer–     wieder–     zusammen–      zuvor–
```

英語の *recover*（回復する）という動詞の意味は，*re–*（再び）+ *cover*（欠けている部分を覆う）から来ているとされています．接頭辞には，このように，もともとそれ自体の意味があったはずですが，接頭辞の意味を考えても，派生語の意味はよくわからないことがほとんどです．

以下，ドイツ語の非分離動詞・分離動詞に使われる前つづりの意味を考えてみますが，もともとの，あるいは，代表的な意味を取り出しただけなので，実際にはこれに当てはまらない語もたくさんあります．ひとまず，どんな前つづりがあるのかということさえわかってもらえば十分です．

(a)　非分離動詞だけに現れる前つづり

 be–　「ある状態の招来」などを意味する．通常，他動詞を作る．
  〈例〉befreien（解放する < frei 自由な）

 emp–　もともと ent– だったのが，f の前で emp– になったもの（ただし，f の前で emp– に変化しない語もあり）．empfangen（受け取る；迎える），empfehlen（勧める，推薦する），empfinden（感じる）のみ．

 ent–　「除去・離脱」などを表わす．
  〈例〉entführen（誘拐する）
    entschuldigen（許す；弁護する < Schuld 罪）

 er–　「ある状態への到達」などを表わす．
  〈例〉erfahren（経験する），erfinden（発明する），erkennen（認識する）

ge–　「共在・完了」などを意味する．
　　　〈例〉geschehen（生じる）．geben，gehen，gelten などの ge– は非分離の前つづりではないので注意．

ver–　「結果；消滅；失策」などを意味する．
　　　〈例〉verfilmen（映画化する < Film 映画），verbrennen（焼失する）verlernen（習得したことを忘れる）

zer–　「破壊」などを表わす．
　　　〈例〉zerbrechen（壊す），zerstören（破壊する）

このうち，意味を覚えておくと役に立ちそうなのは，ent– と zer– くらいです．

(b)　分離動詞・非分離動詞の両方に現れる前つづり

　一般に，このグループの前つづりは，(1) 分離動詞を作るとどちらかと言えば具体的（特に空間的）な意味をもち，(2) 非分離動詞を作るときは抽象的な意味を表します（ただし，um– に関してはむしろ逆です）．

durch–　「通過；貫徹・完遂」などを意味する．
　　　〈分離の例〉　　　dúrch|gehen（通過する，通り抜ける）
　　　〈非分離の例〉　　durchfáhren（走り抜ける；（感情などが）襲う）

hinter–　「後ろへ；裏へ，奥へ」などを意味する．
　　　〈分離の例〉　　　hínter|gehen（裏へ回る）
　　　〈非分離の例〉　　hintergéhen（だます，欺く）

über–　「上へ；横断，超過」などを表わす．
　　　〈分離の例〉　　　űber|setzen（船で向こう岸へ渡す）
　　　〈非分離の例〉　　übersétzen
　　　　　　　　　　　（翻訳する［＝ある言語からある言語へ置き換える］）

um–　「周囲，包囲；徘徊；転倒；喪失」などを意味する．比喩的な意味は，分離動詞に多い．

　　　　　〈分離の例〉　úm|gehen（流布する；交際する）
　　　　　　　　　　　úm|kommen（命を失う，死ぬ）
　　　　　〈非分離の例〉umgéhen（回り道する，迂回する）

　unter–「下へ；過小，不足；抑圧」などを意味する．
　　　　　〈分離の例〉　únter|gehen（沈む；破滅する）
　　　　　〈非分離の例〉unterdrücken（抑圧する），unterríchten（授業する）

　wider–「反対，対抗；反射」などを意味する．
　　　　　〈分離の例〉　wíder|spiegeln（反映する < Spiegel 鏡）
　　　　　〈非分離の例〉widerspréchen（反論する）

　wieder–「復元，反復」を表わす．
　　　　　〈分離の例〉　wíeder|sehen（再会する）
　　　　　〈非分離の例〉wiederhólen（繰り返す，繰り返して言う）

(b) 以外にも，分離動詞でのみ使われる前つづりがありますが，これにはいろんなものがあるので，列挙してもあまり意味がありません．前つづりがおおよそどんな意味で使われるか，辞書に説明してあるので，詳しくは辞書を見てください．
　分離動詞の前つづりについて重要なのは次の2点です．(1) 前置詞と同じ形のものが多いので，前置詞と混同しないよう注意してください（前置詞については Lektion 6 参照）．(2) もともとの意味が比較的はっきりしているので，前つづり＋動詞本体から意味を推測できる場合が多く，辞書にない語もたくさんあります（＝必要に応じて作れる）．

◇ 派生語のアクセント

　ドイツ語の動詞は，(1) **不定詞**をそのまま大文字書きすれば，**中性名詞**を作ることができるほか，(2) 不定詞の –(e)n を –ung に変えて大文字書きすれば，**女性名詞**を作ることができます．この場合，アクセントの位置は変わりません．

〈例〉lében	（生きる）	> Lében, das	（生命，生活，人生）
éssen	（食べる）	> Éssen, das	（食事）
úben	（練習する）	> Úb*ung*, die	（練習）
sámmeln	（集める）	> Sámml*ung*, die	（収集．l の前の e が脱落）

分離動詞，非分離動詞の場合もアクセントはもとの動詞と同じ位置にあります．

〈例〉 verstéhen　　　（理解する）　＞ Verstéhen, das　　（理解）
　　　vór|stellen　　　（紹介する）　＞ Vórstellung, die　（紹介）
　　　entschúldigen　（許す）　　　＞ Entschúldigung, die（許すこと）
　　　übersétzen　　　（翻訳する）　＞ Übersétzung, die　（翻訳）

　上の方式以外の派生語でも，一般に，分離の前つづりはアクセントをもち，非分離の前つづりはアクセントをもちません．ただし，上の (b) グループに属する前つづりの場合，非分離動詞に対応する意味の派生語でも前つづりにアクセントが置かれるのが普通です．

〈例〉 únter|gehen　　（沈む；破滅する・分離）
　　　Úntergang, der　（沈没；破滅）
　　　unterríchten　　（授業する・非分離）
　　　Únterricht, der　（授業）

◇ **分離動詞か熟語か**

　5. 1 で説明したとおり，分離動詞は，もともと 2 語の熟語であったものが 1 語として意識されるようになったものです．そのため，どれが 1 語の分離動詞で，どれが 2 語の熟語なのかという線引きが曖昧にならないよう，ドイツ語圏全体で正書法を統一しています．1998 年から使われている新正書法でも，分離動詞（1 語）か熟語（2 語）かという区分を部分的に変更しました．

　旧正書法では kennen lernen（～と知り合う，cf. *learn to know*）や Rad fahren（自転車に乗る）などを 1 語として扱い，kennenlernen, radfahren と表記していましたが，新正書法ではこれを 2 語の熟語としています．まだ完全に新しい規則が浸透しておらず，一部には混乱も見られます．ひとまず新正書法のつづりで覚えればいいのですが，分離動詞と熟語の表記には幅があるということを頭の片隅に入れておいてください．

5.5 命令法

英語では，主語をつけない動詞の原形で命令形を作ります（*Give me money. Be quiet.*）．ドイツ語の場合，もう少し複雑です．まず，(1) 命令される相手が，i) du（君）か，ii) ihr（君たち）か，iii) Sie（あなた・あなたがた）か，を区別します．次に，(2) 動詞を次の形に変化させます（Sie の場合は動詞の後に Sie を置きます）．なお，分離動詞の場合，前つづりは文末に置かれます．

 i) du に対して → –[e] ... ! 〈例〉Sag[e]! （[du に対して] 言え！）
 ii) ihr に対して → –[e]t ... ! 〈例〉Sagt! （[ihr に対して] 言え！）
 iii) Sie に対して → –en Sie ... !〈例〉Sagen Sie!
            （[Sie に対して] 言ってください！）

ただし，いくつか注意点があります．

ⅰ) du に対して
 a) e → i / ie 型の動詞（cf. 3.2）では，命令形でも語幹が変化します（a → ä 型は無変化）．

 〈例〉 sprechen （話す） → **Sprich!**
    sehen   （見る） → **Sieh!**
    auf|geben （諦める）→ **Gib die Hoffnung noch nicht auf!**
                （分離動詞の例）

なお，この場合，–e という語尾はつきません（例外的に，「参照せよ」という意味で Siehe! を使う）．同様に，du に対する sein の命令形も Sei ... ! という形で –e はつきません．

 b) e → i / ie 型の動詞や sein にかぎらず，現在 –e という語尾をつけるのはかなり稀になっています．ただし，動詞の語幹が –t, –d, –ig, –chn, –ffn などで終わるものは，口調上の理由から省略できません（cf. 2.2, p. 13 の「口調上の調整」(2)）．

〈例〉arbeiten 　　　（働く）　→ Arbeite!
　　　entschuldigen　（許す）　→ Entschuldige!
　　　　　　　　　　　　　（非分離動詞の前つづりは命令形でも分離しない）

c）動詞の語幹が –el, –er で終わるものは –e を省略せず，逆に語幹の e を省きます（cf. 2.2, p. 12f. の「口調上の調整」(1)）．

〈例〉sammeln（集める）　→　Samm[e]le!

ii) ihr に対して
　ihr に対する命令は，普通の現在人称変化（直説法）とまったく同じ形になります（法については 13.1 を参照）．ただし sein だけは語幹＋t ではなく，現在人称変化と同じ Seid ...! という形になります（cf. 2.4）．

iii) Sie に対して
　Sie はもともと 3 人称複数を転用したものなので（cf. 2.1），命令の形（命令法）がありませんでした．そのため，接続法 I 式という形を代用して，Sagen Sie! のように命令の意味を表します（法については 13.1 を参照）．いずれにせよ，動詞の形は**不定詞（原形）**と同じです．唯一の例外は sein で，この場合は，Seien Sie ...! という形になります．

◇ wirへの呼びかけ

　自分たちに対して「～しよう」と呼びかけるときは，Sie に対する命令の主語を wir に変えた形が使われます．同じ意味で話法の助動詞 wollen を用いたり，話し相手が du や ihr である場合は，Lass uns ...! ないし Lasst uns ...! を用いたりします．

〈例〉an|fangen（始める）→ Fangen wir an!
　　　　　　　　　　　　→ Wollen wir anfangen!
　　　　　　　　　　　　→ Lass uns anfangen!（du に対して）
　　　　　　　　　　　　→ Lasst uns anfangen!（ihr に対して）

Übung 1 イタリックの箇所を指示にしたがって変化させなさい.
Michael kommt um *5 Uhr* in *Frankfurt* an.
(主語を変え，時間と場所を指定の語句に変える)

wir	– *Wir kommen* um ... in ... an.
Julia	– *Julia kommt* um ... in ... an.
ich	– *Ich komme* um ... in ... an.
meine Freunde	– *Meine Freunde kommen* um ... in ... an.

時間：*6 Uhr 30, 9 Uhr, 10 Uhr, 12 Uhr*
場所：*Berlin, Hamburg, München, Wien*

Übung 2 次の文を指示にしたがって置き換えなさい.
Morgen muss seine Schwester *sehr früh aufstehen.*
(下線部を文頭に出し，指定の不定詞句で書き換える)

jeden Tag viele Briefe bekommen （毎日たくさんの手紙をもらう）
　　　　 – *Jeden Tag bekommt* seine Schwester *viele Briefe.*
sehr spät in Leipzig an|kommen （とても遅くにライプツィヒに着く）
　　　　 – *In Leipzig kommt* seine Schwester *sehr spät an.*
wahrscheinlich nicht gut Deutsch verstehen
　　　　　　　　（おそらくあまりよくドイツ語がわからない）
　　　　 – *Wahrscheinlich versteht* seine Schwester *nicht gut Deutsch.*
um wie viel Uhr nach Hause kommen （何時に家に帰る）
　　　　 – *Um wie viel Uhr kommt* seine Schwester *nach Hause?*
morgen sehr früh aufstehen müssen
　　　　　　　　（明日とても早く起きなければならない）
　　　　 – *Morgen muss* seine Schwester *sehr früh aufstehen.*

Übung 3　指定された主語と目的語の組み合わせを用いて「〜が私に……を紹介してくれるといいのだけど」という文を作りなさい．

du, dein Freund　（君，君のボーイフレンド）
　　　　　　　　　– *Hoffentlich stellst du* mir *deinen Freund vor.*
er, seine Freundin　（彼，彼のガールフレンド）
　　　　　　　　　– *Hoffentlich stellt er* mir *seine Freundin vor.*
sie, ihr Bruder　（彼女，彼女の兄）
　　　　　　　　　– *Hoffentlich stellt sie* mir *ihren Bruder vor.*
die Schüler, ihre Lehrerin　（生徒たち，自分たちの先生）
　　　　　　　　　– *Hoffentlich stellen* mir *die Schüler ihre Lehrerin vor.*

Übung 4　「〜すべきだ・〜すべきでない」という文を，主語に注意して命令文に書き換えなさい．

Sofort sollst du losfahren.　（君は今すぐ出発すべきだ）
　　　　　　　　　– *Fahr sofort los!*
Du sollst die Hoffnung noch nicht aufgeben.
　　（君は希望を捨てるべきでない）
　　　　　　　　　– *Gib die Hoffnung noch nicht auf!*
Sie sollen ihn morgen anrufen.　（あなたは彼に明日電話すべきだ）
　　　　　　　　　– *Rufen Sie ihn morgen an!*
Hier sollt ihr nicht so laut sprechen.
　　（君たちはここでそんなに大声で話すべきでない）
　　　　　　　　　– *Sprecht hier nicht so laut!*
Sie sollen mir nicht böse sein.　（あなたは私に腹を立てるべきではない）
　　　　　　　　　– *Seien Sie mir nicht böse!*

単語リスト

Nr.	Vokabeln		Japanisch
151	an|kommen	*vi. (s.)* ankommen – kam ... an – angekommen	着く，到着する
152	um	*präp.*	～時に（cf. Lektion 6）
153	Schwester, die	*f.* – / –n	姉，妹
154	früh	*adj. / adv.*	早い；早く
155	stehen	*vi. (h.[s.])* stehen – stand – gestanden	立っている
156	stellen	*vt.*	立てる，置く
157	auf|stehen	*vi. (s.)* aufstehen – stand ... auf aufgestanden	起きる，起床する
158	vor|stellen	*vt.*	(*jm. jn.*[*et*⁴.] ～に…を)紹介する
159	Bruder, der	*m.* –s / Brüder	兄，弟
160	auf|geben	*vt.* aufgeben – gab ... auf – aufgegeben	やめる，諦める，放棄する
161	Hoffnung, die	*f.* – / –en	希望
162	böse	*adj.*	(*jm.* ～に対して)怒っている
163	bekommen	*vt.* bekommen – bekam – bekommen	得る，手に入れる，もらう
164	verstehen	*vt.* verstehen – verstand – verstanden	理解する，わかる
165	Brief, der	*m.* –(e)s / –e	手紙
166	setzen	*vt.*	座らせる；置く
167	übersetzen	*vt.*	翻訳する
168	über|setzen	*vt.*	（船で向こう岸へ）渡す
169	Freundin, die	*f.* – / –nen	(女の)友達；ガールフレンド，彼女
170	Freund, der	*m.* –(e)s / –e	(男の)友達；ボーイフレンド，彼氏
171	los|fahren	*vi. (s.)* losfahren – fuhr ... los – losgefahren	出発する
172	an|rufen	*vt.* anrufen – rief ... an – angerufen	(*jn.* ～に)電話する
173	sofort	*adv.*	すぐに，即座に
174	so	*adv.*	それほど，そのように
175	laut	*adj.*	(声・音が)大きい，うるさい
176	empfehlen	*vt.* empfehlen – empfahl – empfohlen	勧める，推薦する

Nr.	Vokabeln		Japanisch
177	entschuldigen	*vt.*	許す
178	erfahren	*vt.* erfahren – erfuhr – erfahren	聞いて知る；経験する
179	fallen	*vi. (s.)* fallen – fiel – gefallen	落ちる；倒れる
180	auf|fallen	*vi. (s.)* auffallen – fiel ... auf – aufgefallen	(*jm.* ～の) 注意を引く，目立つ
181	aus|gehen	*vi. (s.)* ausgehen – ging ... aus – ausgegangen	出かける，外出する
182	um|gehen	*vi. (s.)* umgehen – ging ... um – umgegangen	流布する，広まる
183	umgehen	*vt.* umgehen – umging – umgangen	避ける，迂回する
184	unter|gehen	*vi. (s.)* untergehen – ging ... unter – untergegangen	沈む；破滅する
185	Untergang, der	*m.* –(e)s / –gänge	沈むこと，沈没；没落，破滅
186	unterrichten	*vt.*	授業する
187	Unterricht, der	*m.* –(e)s / –e	(ふつう *sg.* で) 授業
188	auf|hören	*vt. / vi. (h.)*	やむ；やめる
189	mit|kommen	*vi. (s.)* mitkommen – kam ... mit – mitgekommen	一緒に来る
190	zurück|kommen	*vi. (s.)* z.kommen – kam ... z. – z.gekommen	戻って来る
191	Übersetzung, die	*f.* – / –en	翻訳
192	nach|sprechen	*vt.* n.sprechen – sprach ... n. – n.gesprochen	(*jm. et*^{4}. ～の…[言葉]を) 繰り返して言う
193	versprechen	*vt.* versprechen – versprach – versprochen	(*jm. et*^{4}. ～に…を) 約束する
194	dar|stellen	*vt.*	示す；演じる
195	bestellen	*vt.*	注文する
196	suchen	*vt.*	探す，探し求める
197	besuchen	*vt.*	訪問する，訪ねる
198	versuchen	*vt.*	試みる
199	wiederholen	*vt.*	繰り返す，繰り返して言う
200	zerstören	*vt.*	破壊する

m. 男性名詞　　*f.* 女性名詞　　*n.* 中性名詞　　–(e)s / –e 単数 2 格 / 複数 1 格
sg. 単数　　*pl.* 複数　　*vt.* 他動詞　　*vi.* 自動詞　　(*h.*) haben 支配　　(*s.*) sein 支配
vr. 再帰動詞　　heißen – hieß – geheißen 不定詞 – 過去基本形 – 過去分詞　　*adj.* 形容詞
adv. 副詞　　*konj.* 接続詞　　*präp.* 前置詞　　*pron.* 代名詞

Lektion 6 前置詞・副文

Schlüsselsätze

6-1. **Glaubst du etwa, dass wir ohne dich nach Deutschland gehen?**
私たちが君を置いてドイツに行くと思ってるの？
6-2. **Wenn das Wetter schön ist, fährt sie oft mit dem Auto ans Meer.**
彼女は，天気がいいときによく車で海へ行く．
6-3. **Frag ihn einmal, ob auch sein Bruder an der Party teilnimmt.**
彼のお兄さんもパーティーに参加するか，彼に聞いてみて．
6-4. **Während der Ferien möchte ich gerne einmal bei Ihnen vorbeikommen.**
休みの間ぜひ一度お宅にお邪魔したいのですが．
6-5. **Ich weiß gar nicht, womit ich anfangen soll.**
私は何から始めたらいいかさっぱりわからない．

6.1 副文 (1)：従属接続詞

接続詞のうち und（そして），aber（しかし），oder（あるいは），denn（なぜなら）のように，後に来る定動詞の語順に影響を与えないものは，**等位接続詞**と呼ばれます（cf. Lektion 2, p. 16）．

〈例〉 Julia *wohnt* in München und Daniel *wohnt* in Berlin.
　　ユーリアはミュンヘン，ダニエルはベルリンに住んでいる．

これに対して，**副文**を作る接続詞があります．ドイツ語の副文では，定動詞が一番最後に置かれます（**定動詞後置**）．英語の *that*（〜ということ）に相当する dass を例にとって見てみましょう．

〈例〉 Sie *glaubt*, [dass Daniel in Berlin *wohnt*].
　　彼女はダニエルがベルリンに住んでいると信じている．

このような接続詞のことを**従属接続詞**と呼びます．上の例の [　] で示したよう

に，先頭の従属接続詞と，後置された定動詞が残りの要素をサンドイッチすることになります．話法の助動詞や分離動詞の場合に見られる**枠構造**と同じものです（枠構造については 4. 2 参照）．なお，副文を作るものには，従属接続詞のほかに，関係詞があります（Lektion 12 参照）．

　まず，ドイツ語の従属接続詞として重要なものをあげておきます．カッコの中は，ほぼ同義になる英語の接続詞です．

als	～した時（*as*）
	～よりも（*than*，比較については Lektion 10 参照）
bevor	～する前に（*before*）
bis	～するまで（*until*，前置詞と同形．6. 4 参照）
da	～なので（*since*）
damit	～するように，～するために（*in order that, so that*）
dass	～ということ（*that*，旧正書法では daß）
nachdem	～した後で（*after*）
ob	～かどうか（*if, whether*）
obwohl	～にもかかわらず（*though, although*）
seit(dem)	～して以来（*since*，なお seit は前置詞と同形．6. 4 参照）
sobald	～するや否や（*as soon as*）
soviel	～するかぎり（*as far as*）
während	～する間（*while*，前置詞と同形．6. 4 参照）
weil	～だから（*because*）
wenn	もし～ならば，～する時（*if*）
wie	～のように（*as*）

　これがすべてではありませんが，辞書を引けば，接続詞という品詞情報とならんで，等位接続詞か従属接続詞かの区別が必ず記載されています（試しに，手持ちの辞書で dass を調べてみてください．なお，もし ß を使った daß の形しかなかったら，その辞書は旧正書法に従ったものです．以下では，新正書法で説明します）．

6.2 不定詞句と定動詞の位置 (4)

6.1で述べたように，副文では定動詞が後置されます。言い換えれば，不定詞句の語順がそのまま保たれるということです (cf. 2.3)。これは，話法の助動詞や分離動詞を使う場合，さらに，両方を組み合わせた場合にも言えることです。

〈例〉 1) heute Spanisch *lernen* 　今日スペイン語を勉強する
　　　2) heute Spanisch lernen *müssen*
　　　　　　　　　　　　　　　　今日スペイン語を勉強しなければならない
　　　3) um 5 Uhr in Berlin *ankommen*
　　　　　　　　　　　　　　　　5時にベルリンに着く
　　　4) um 5 Uhr in Berlin ankommen *müssen*
　　　　　　　　　　　　　　　　5時にベルリンに着かなければならない

　　　1') Er *sagt*, [dass er heute Spanisch *lernt*].
　　　　　　彼は今日スペイン語を勉強すると言っている。
　　　2') Er *sagt*, [dass er heute Spanisch lernen *muss*].
　　　　　　彼は今日スペイン語を勉強しなければならないと言っている。
　　　3') Er *sagt*, [dass er um 5 Uhr in Berlin *ankommt*].
　　　　　　彼は5時にベルリンに着くと言っている。
　　　4') Er *sagt*, [dass er um 5 Uhr in Berlin ankommen *muss*].
　　　　　　彼は5時にベルリンに着かなければならないと言っている。

　注意しなければならないのは，副文が文の先頭に来る場合です。どれほど長くなっても，副文は全体で「1つの要素」としてカウントされるため，主文の定動詞は副文の直後に置きます。そうしないと，定動詞第2位の原則が崩れてしまうからです。

〈例〉 Sie *fährt* früh nach Hause. 　彼女は早く家に帰る。
　　　→ [Wenn ihr Kind krank *ist*], *fährt* sie früh nach Hause.
　　　　　　もし子供の具合が悪ければ，彼女は早く家に帰る。

　結果的に，副文の後置された定動詞と，主文の定動詞とが，隣同士に並ぶ形になります。なお，このようにwennで始まる副文が文頭に置かれると，主文の定動

詞の前に，so（その場合）や dann（その時）が挟まれることがあります．この so や dann は直前の wenn 節を言い直したものなので，後の語順には影響を与えません．

6.3　前置詞

　これまでにもすでにいくつかの前置詞が登場していました．例えば，*auf* Russisch（ロシア語で）の auf, *in* Berlin（ベルリンに）の in, *nach* Hause（家へ）の nach, *um* 5 Uhr（5 時に）の um などです．前置詞というくらいですから，前置詞は名詞や代名詞の前に置かれます（ドイツ語には名詞の後ろに置かれるほうが多い前置詞もありますが）．

　上の例でも，すべて後に名詞が続いています．しかし，ドイツ語の名詞は必ず 1 格から 4 格のどれかになるので，前置詞の後の名詞も格が決まっているはずです．ところが，nach Hause の Hause を除くと，名詞の格を知る手がかりがありません．実は，ドイツ語の前置詞は，それぞれ何格と一緒に使うかが決まっています．これを，前置詞の**格支配**といいます．例えば，2 格と一緒に使われるものは「2 格支配の前置詞」と呼ばれ，辞書にも必ずそのことが記載されています．

6.4　前置詞の格支配

　次の図のとおり，「1 格支配」の前置詞というものはありません．格支配は（A）2 格支配，（B）3 格支配，（C）4 格支配，（D）3・4 格支配の 4 種類に分類できます．

前置詞の格支配

2 格	(an)statt　außerhalb innerhalb　trotz während　wegen	
3 格	aus　außer　bei entgegen　gegenüber mit　nach　seit　von　zu	an　auf　hinter in　neben　über
4 格	bis　durch　entlang für　gegen　ohne　um	unter　vor　zwischen

(A) 2格支配の前置詞

(an)statt	〜の代わりに（*instead of*）
außerhalb	〜の外側に（*outside*）
innerhalb	〜の内側に（*inside*）
trotz	〜にもかかわらず（*in spite of*，まれに3格支配）
während	〜の間（*during*，接続詞と同形．6．1参照）
wegen	〜のために（*because of*，まれに3格支配）

〈例〉Wegen *seiner Kinder* muss er heute früh nach Hause.
彼は今日子供たちのために早く帰宅しなければならない．

この例のように，前置詞句が文頭にあるときは，主文の第1番目の要素となり，定動詞はその直後に置かれます．

(B) 3格支配の前置詞

aus	〜の中から（外へ）（*from, out of*）
außer	〜以外に，〜の他に（*except*）
bei	〜のところで，〜の近くで（*at*）
entgegen	〜に向かって（*toward*）
gegenüber	〜の向かいに（*opposite*，後置も）
mit	〜と一緒に，〜とともに（⇔ ohne）；〜を用いて（*with*）
nach	〜の後で（*after*）；(主に地名と）〜へ（*to*）；〜によれば（*according to*，後置も）（⇔ vor）
seit	〜以来（*since*）；(期間を表わす語句と）〜前から
von	〜の（*of*）；〜から（*from*）；(受動文で：誰か）〜によって（*by*）
zu	〜へ；〜のために（*to, for*）

〈例〉Wir fahren oft mit *dem Auto* nach *Hause*. 私たちはよく車で家に帰る．

(c) 4格支配の前置詞

bis	〜まで（*until*，接続詞と同形．6．1参照．bis nach, bis zu の形も）
durch	〜を通って（*through*）；(受動文で：何か）〜によって（*by*）
entlang	〜に沿って（*along*，後置も）
für	〜のために；〜に賛成して（*for*）

gegen	～に対抗・反抗して (*against*)；～ごろ (*around*)
ohne	～なしで (*without*) (⇔ mit)
um	～の周りに；～に関して (*about*)；～時に (*at*, cf. Lektion 5)

〈例〉Seid ihr für oder gegen *mich*? 君たちは私に賛成なのか反対なのか？

(D) 3・4格支配の前置詞

　このグループの前置詞は特に注意が必要です．全部で **9語**ありますが，基本的にはどれも空間的な意味をもっています．ただし，3格と使われる場合には，静止した**場所**を表わし，4格と使われる場合には，**移動の方向**を表わします．この違いを3・4格支配の代表例 in で見てみましょう．

〈例〉Julia wohnt jetzt in *dieser Stadt*.
　　　今ユーリアはこの町に住んでいる．(dieser Stadt: 3格＝場所)
　　　Julia fährt heute in *die Stadt*.
　　　今日ユーリアは町に出る．(die Stadt: 4格＝移動の方向)

an	（3格）	～（の表面）に接して (*on, at*)；～日に (*on*)
	（4格）	～（到着点）に，～まで (*to*)
auf	（3格）	～の（の表面）上で（接して）(*on*)
	（4格）	～の上へ (*onto*)
hinter	（3格）	～の後ろで
	（4格）	～の後ろへ (*behind*) (⇔ vor)
in	（3格）	～（の中）に (*in*)
	（4格）	～の中に (*into*) (⇔ aus)
neben	（3格）	～の隣で
	（4格）	～の隣へ (*near, beside*)
über	（3格）	～の上で（離れて）(*above, over*)
	（4格）	～の上へ，～を越えて (*over*)；～について
unter	（3格）	～の下で (*under*)；～に混ざって (*among*)
	（4格）	～の下へ (*under*)
vor	（3格）	～の前で
	（4格）	～の前へ (*before, in front of*) (⇔ nach, hinter)
zwischen	（3格）	～の間で
	（4格）	～の間へ (*between*)

◇ 定冠詞との融合形

　いくつかの前置詞は，しばしば定冠詞と結びついて1語に融合します．よく使われる8つの形をあげておきます．頻繁に出てくる形なので，覚えておいてください．これ以外はひとまず気にしなくてけっこうです．

〈例〉an das → **ans**，bei dem → **beim**，in dem → **im**，in das → **ins**，
　　von dem → **vom**，zu dem → **zum**，zu der → **zur**

　dem（男性・中性単数3格）は –m，das（中性単数4格）は –s，der（女性単数3格）は –r（zur のみ），den（男性単数4格）は –n（unter den → untern など．書き言葉ではまれ）に短縮されます．このように短縮される定冠詞は，指示する力が弱いものと見なされます．そのため，特定の名詞を指示する場合には，融合形を用いません．

〈例〉Wir gehen morgen ins Kino.
　　私たちは明日映画館に行く（映画を観にいく）．
　　Wir gehen morgen in das Kino.
　　私たちは明日その映画館に行く．

6.5　代名副詞（1）：前方照応

　前置詞が人称代名詞と一緒に使われる場合，人称代名詞も前置詞の格支配にしたがって変化します（人称代名詞の格変化については，4.5参照）．

〈例〉Ich fahre *mit meiner Freundin* nach Hamburg.
　　私はガールフレンドとハンブルクに行く．
　→ Ich fahre *mit ihr* nach Hamburg.
　　私は彼女とハンブルクに行く．

　ただし，この人称代名詞が，人ではなく**事物を指している場合**，前置詞＋代名詞の形は使えません．そこで登場するのが，前置詞と人称代名詞の融合形 **da(r)–** ＋**前置詞**です．前置詞が子音で始まるときは da– ＋前置詞，母音で始まるときは dar– ＋前置詞となります．もっともすべての前置詞で融合形が作れるわけではな

く，次のものしか使われません．

daran	darauf	daraus	dabei	dadurch	dafür	dagegen
dahinter	darin	damit	danach	daneben	darüber	darum
darunter	davon	davor	dazu	dazwischen		

融合形は代名詞ではなく副詞としてあつかわれるため，**代名副詞**とも呼ばれます．やや文語的になりますが，英語にも *thereby*, *therewith*, *therein* など，*there–* と前置詞の融合した形があり，この場合，*there–* の部分は代名詞的な役割を果たしています．

> 〈例〉*Dieses Auto* gehört meinem Vater. Ich fahre *damit* nach Hamburg.
> この車は父のものだ．私はその車に乗ってハンブルクに行く．
> Auch sein Bruder nimmt *an der Party* teil.
> 彼のお兄さんもパーティーに参加する．
> → Auch sein Bruder nimmt *daran* teil.
> 彼のお兄さんもそれに参加する．

これらの例では，damit や daran の da(r)– が，すでに登場した語句を受けています．文の中で前の方にある内容と呼応しているという意味で，**前方照応**といいます．これとは逆に，代名副詞が後の方にある内容と呼応するケースもあります（cf. 7. 5）．

◇ 代名副詞の疑問形

上の例文 Ich fahre *mit meiner Freundin* nach Hamburg.（私はガールフレンドとハンブルクに行く）の mit meiner Freundin にあたる部分を尋ねたいときは，前置詞＋疑問詞の wer（誰）という形を使います（wer の格変化については，4. 5 参照）．

〈例〉*Mit wem* fährst du nach Hamburg? ハンブルクには誰と行くの？

尋ねたい部分が，人ではなく事物の場合，前置詞＋疑問詞の was（何）という形はあまり使いません（そもそも was には3格の形がありません）．そこで登場す

Lektion 6　前置詞・副文

るのが，**wo(r)–** + 前置詞，つまり，代名副詞の疑問形です．da(r)– + 前置詞のときと同様，母音で始まる前置詞には r がつきます．実際に使われるのは，次の形です．

woran	worauf	woraus	wobei	wodurch	wofür	wogegen
worin	womit	wonach	worüber	worum	worunter	wovon
wovor	wozu					

〈例〉*Womit* fährst du nach Hamburg?　ハンブルクには何に乗って行くの？

かなり口語的な表現としては，mit was のような言い方をすることもありますが，まずは融合形を使えるようにしてください．

◇ 疑問詞の従属接続詞的な用法

代名副詞の疑問形が出てきたので，ドイツ語の主な疑問詞をまとめておきましょう．

wann	いつ (*when*)	* *if* に相当する wenn と混同しない
warum	なぜ (*why*)	* worum と混同しない
was	何 (*what*)	
was für ein	どんな (*what kind of*)	
welcher	どの・どれ (*which*)	
wer	誰 (*who*)	
wie	どのように (*how*)	* 形容詞や副詞と組み合わせ可能：wie spät, wie viel(e) など
wo	どこ (*where*)	

これらの疑問詞はすべて間接疑問文の形で用いることができます．その場合，疑問詞は従属接続詞と同じように副文をつくるので，定動詞は後置されます（6. 1 参照）．

〈例〉*Womit soll* ich anfangen?
　　　私は何から始めたらよいのだろう？　（mit *et³*. an|fangen: 〜から始める・着手する）
　→ Ich weiß gar nicht, [*womit* ich anfangen *soll*].
　　　私は何から始めたらいいかさっぱりわからない．

Übung 1 次の否定文を,「〜と思ってるの？」という文に変えなさい.

Wir gehen nicht ohne dich nach Deutschland.
私たちは君を置いてドイツには行かない.
　　– Glaubst du etwa, dass *wir ohne dich nach Deutschland gehen?*
　　私たちが君を置いてドイツに行くと思ってるの？
Es gibt heute keine Sitzung.
今日は一つも会議がない.
　　– Glaubst du etwa, dass *es heute eine Sitzung gibt?*
　　今日会議があると思ってるの？
Du darfst hier nicht rauchen.
君はここでタバコを吸ってはならない.
　　– Glaubst du etwa, dass *du hier rauchen darfst?*
　　ここでタバコを吸っていいと思ってるの？
Seine Schwester steht morgen nicht so früh auf.
明日彼の妹はそんなに早起きしない.
　　– Glaubst du etwa, dass *seine Schwester morgen so früh aufsteht?*
　　明日彼の妹がそんなに早起きすると思ってるの？

Übung 2 イタリックの箇所を文頭において，次の文を言い換えなさい.

Sie fährt oft mit dem Auto ans Meer, *wenn das Wetter schön ist.*
彼女は，天気がいいときによく車で海へ行く.
　　– *Wenn das Wetter schön ist, fährt sie* oft mit dem Auto ans Meer.
Ich muss jetzt losfahren, *damit ich nicht zu spät komme.*
着くのが遅くならないように，私はもう出ないとならない.
　　– *Damit ich nicht zu spät komme, muss ich* jetzt losfahren.
Er geht morgen mit seiner Freundin ins Kino, *obwohl er keine Zeit hat.*
彼は時間がないのに明日ガールフレンドと映画を観にいく.
　　– *Obwohl er keine Zeit hat, geht er* morgen mit seiner Freundin ins Kino.

Wir kommen nicht mit, *weil wir heute Abend Englisch lernen müssen.*
今晩英語を勉強しないとならないので一緒に行きません.
  – *Weil wir heute Abend Englisch lernen müssen,* kommen wir nicht mit.

Übung 3　指定された語句を文頭において，次の文を言い換えなさい.

Ich möchte gerne einmal bei Ihnen vorbeikommen. (*während der Ferien*)
ぜひ一度お宅にお邪魔したいのですが.（休みの間）
  – *Während der Ferien möchte ich* gerne einmal bei Ihnen vorbeikommen.
Wir wollen essen gehen. (*nach dem Unterricht*)
私たちは食事しに行きたい.（授業の後）
  – *Nach dem Unterricht wollen wir* essen gehen.
Herr Schmidt kann drei Sprachen. (*außer Französisch*)
シュミット氏は3ヶ国語できる.（フランス語のほか）
  – *Außer Französisch kann Herr Schmidt* drei Sprachen.
Sie bestellt diese Bücher. (*für ihren Vater*)
彼女はこれらの本を注文する.（父のために）
  – *Für ihren Vater bestellt sie* diese Bücher.

Übung 4　次の疑問文を，「私は〜か全然知らない（さっぱりわからない）」という文に言い換えなさい．

Nimmt auch sein Bruder an der Party teil?
彼のお兄さんもパーティーに参加するのか？
　　– Ich weiß gar nicht, *ob auch sein Bruder an der Party teilnimmt.*

Um wie viel Uhr kommt Daniel in Leipzig an?
ダニエルは何時にライプツィヒに着くのか？
　　– Ich weiß gar nicht, *um wie viel Uhr Daniel in Leipzig ankommt.*

Warum sind Sie mir böse?
あなたはなぜ私に腹を立てているのですか？
　　– Ich weiß gar nicht, *warum Sie mir böse sind.*

Womit soll ich anfangen?
私は何から始めたらよいのだろう？
　　– Ich weiß gar nicht, *womit ich anfangen soll.*

単語リスト

Nr.	Vokabeln		Japanisch
201	gl<u>au</u>ben	*vt. / vi. (h.)*	信じる，思う
202	bev<u>o</u>r	*konj.*	〜する前に
203	bis	*konj. / präp.*	〜するまで；(+4格) 〜まで
204	da	*konj.*	〜なので；そこに，それで
205	dam<u>i</u>t	*konj.*	〜するように，〜するために
206	dass	*konj.*	〜ということ
207	nachd<u>e</u>m	*konj.*	〜した後で
208	ob	*konj.*	〜かどうか
209	obw<u>o</u>hl	*konj.*	〜にもかかわらず
210	w<u>ä</u>hrend	*konj. / präp.*	〜する間；(+2格) 〜の間
211	weil	*konj.*	〜だから
212	wenn	*konj.*	もし〜ならば，〜する時
213	trotz	*präp.*	(+2格) 〜にもかかわらず
214	w<u>e</u>gen	*präp.*	(+2格) 〜のため
215	aus	*präp.*	(+3格) 〜（の中）から（外へ）
216	<u>au</u>ßer	*präp.*	(+3格) 〜以外に
217	bei	*präp.*	(+3格) 〜のところで，〜の際
218	mit	*präp.*	(+3格) 〜と一緒に； 〜を用いて
219	nach	*präp.*	(+3格) 〜の後で； (地名と) 〜へ；〜によれば
220	seit	*konj. / präp.*	〜して以来；(+3格) 〜以来；〜前から
221	von	*präp.*	(+3格) 〜の；〜から
222	zu	*präp. / adv.*	(+3格) 〜へ，〜のために； あまりに
223	durch	*präp.*	(+4格) 〜を通って；〜によって
224	für	*präp.*	(+4格) 〜のために， 〜に賛成して
225	g<u>e</u>gen	*präp.*	(+4格) 〜に対抗・反対して；〜ごろ
226	<u>o</u>hne	*präp.*	(+4格) 〜なしで
227	an	*präp.*	(+3格) 〜（の表面）に； (+4格) 〜に（移動）
228	auf	*präp.*	(+3格) 〜の上で（密着して）； (+4格) 〜の上へ

Lektion 6　前置詞・副文

Nr.	Vokabeln		Japanisch
229	hinter	*präp.*	（+3格）〜の後ろで； （+4格）〜の後ろへ
230	neben	*präp.*	（+3格）〜の隣で； （+4格）〜の隣へ
231	über	*präp.*	（+3格）〜の上で（離れて）； （+4格）〜の上へ
232	unter	*präp.*	（+3格）〜の下で；（+4格）〜の下へ
233	vor	*präp.*	（+3格）〜の前で；（+4格）〜の前へ
234	zwischen	*präp.*	（+3格）〜の間に；（+4格）〜の間へ
235	etwa	*adv.*	例えば；ひょっとして，まさか；約，およそ
236	Deutschland, das	*n.* –s /	ドイツ（正式名称：Bundesrepublik Deutschland, die）
237	gern(e)	*adv.*	好んで，〜するのが好きだ；ぜひ（〜したい）
238	Ferien, die	*pl.*	休暇
239	einmal (=mal)	*adv.*	一度；(命令文で要求の気持ちを表わす) まあ
240	vorbei|kommen	*vi.* (*s.*) v.kommen – kam ... v. – v.gekommen	(bei *jm.* 〜のところに) 立ち寄る
241	fragen	*vt.*	(*jn. et¹.* 〜に〜を) 尋ねる，質問する
242	auch	*adv.*	〜もまた
243	Party, die	*f.* – / –s (Parties)	パーティー
244	teil|nehmen	*vi.* (*h.*) t.nehmen – nahm ... t. – t.genommen	(an *et³.* 〜に) 参加する，出席する
245	Wetter, das	*n.* –s / –	天気，天候
246	oft	*adv.*	よく，しばしば
247	Meer, das	*n.* –(e)s / –e	海
248	gar nicht		まったく〜ない
249	an|fangen	*vt. / vi.* (*h.*) anfangen – fing ... an – angefangen	(*et¹. /* mit *et³.* 〜を) 始める；始まる
250	warum	*adv.*	なぜ，どうして

m. 男性名詞　　*f.* 女性名詞　　*n.* 中性名詞　　–(e) s / –e 単数 2 格 / 複数 1 格

sg. 単数　　*pl.* 複数　　*vt.* 他動詞　　*vi.* 自動詞　　(*h.*) haben 支配　　(*s.*) sein 支配

vr. 再帰動詞　　heißen – hieß – geheißen 不定詞 – 過去基本形 – 過去分詞　　*adj.* 形容詞

adv. 副詞　　*konj.* 接続詞　　*präp.* 前置詞　　*pron.* 代名詞

Lektion 7　zu不定詞

Schlüsselsätze

7-1. **Es ist nicht immer leicht, die Wahrheit anzuerkennen.**
　　真実を認めることは必ずしも容易ではない．
7-2. **Ich habe vor, im August meine Freunde in Deutschland zu besuchen.**
　　8月にドイツにいる友人たちを訪ねる予定です．
7-3. **Habt ihr Lust, am Wochenende zusammen ins Kino zu gehen?**
　　週末一緒に映画を観にいく気ある？
7-4. **Er fährt nach Berlin, um die Ferien mit seiner Familie zu verbringen.**
　　彼は休暇を家族と過ごすためにベルリンに行く．
7-5. **Vielmehr kommt es darauf an, etwas dagegen zu tun.**
　　むしろ重要なのは，それに対抗して何かをすることだ．

7.1　zu 不定詞句

これまでも何度か，不定詞句をもとに文の構造を説明してきました（2.3, 4.2, 5.3, 6.2 参照）．Lektion 2 で用いた不定詞句を例にとりましょう．

〈例〉lernen（学ぶ）　　　　　　　　　　（learn）
　　　Deutsch lernen（ドイツ語を勉強する）　（learn German）
　　　heute Deutsch lernen（今日ドイツ語を勉強する）
　　　　　　　　　　　　　　　　　　　　（learn German today）

不定詞句では，どれほど長いものでも動詞本体が最後におかれ，動詞と意味のつながりが深いものほど後ろに来ます．そのため，だいたい日本語と同じ順番になり，英語とは一般に逆の順番になるのでした．

英語に to 不定詞があるように，ドイツ語にも zu 不定詞というものがあります．作り方は，不定詞（句）の動詞本体の前に zu を入れるだけです．

〈例〉zu *lernen*（学ぶ） (*to learn*)
Deutsch zu *lernen*（ドイツ語を勉強する） (*to learn German*)
heute Deutsch zu *lernen*（今日ドイツ語を勉強する）
(*to learn German today*)

英語の場合，不定詞句の先頭に *to* が来るので，どこから *to* 不定詞句が始まるのかが明瞭です．ドイツ語の場合，文を読んでいる途中で zu 不定詞の形が登場するため，慣れないうちは，zu 不定詞句の開始点までさかのぼって見直す必要があります．

分離動詞の場合には，分離の前つづりと動詞本体の間に zu が入り，全体を1語にして書きます．非分離動詞の場合は，一般の動詞と同じようにあつかいます．

〈例〉um 5 Uhr in Frankfurt *anzukommen*
（5時にフランクフルトに着く）
jeden Tag viele Briefe zu *bekommen*
（毎日たくさんの手紙をもらう）

なお，英語の助動詞が *to* 不定詞を作れないのに対し，ドイツ語の話法の助動詞は zu 不定詞句を作ることができます．

〈例〉heute Deutsch zu *lernen* （今日ドイツ語を勉強する）
heute Deutsch lernen zu *müssen*
（今日ドイツ語を勉強しなければならない）
(**to must learn German today* とは言えない)

7.2 名詞的用法

5.4で述べたように，ドイツ語の不定詞は（zu をつけなくても）そのまま大文字書きすれば，中性名詞になります（p.54）．名詞ですから主語にすることもできます．

〈例〉*Rauchen* ist hier verboten. ここでタバコを吸うことは禁じられている．

上の場合，文頭の Rauchen は，名詞化した不定詞と見ることもできますし，不定詞の名詞的用法と見ることもできます．長い不定詞句を zu なしで主語にすることもできます．

〈例〉 *Deutsch lernen* macht mir viel Spaß.
　　　ドイツ語を勉強することはとても楽しい．

しかし，このような場合は，zu なし不定詞ではなく，zu 不定詞を使うほうが普通です．さらに，zu 不定詞句の内容を es で先に述べてしまうほうが一般的です（英語のいわゆる *It ... to ...* の構文を参照）．

〈例〉 *Deutsch zu lernen* macht mir viel Spaß.
　　　ドイツ語を勉強することはとても楽しい．
　　　Es macht mir viel Spaß, *Deutsch zu lernen*.
　　　ドイツ語を勉強することはとても楽しい．

7.1 で述べたように，ドイツ語の zu 不定詞は「知らないうちに始まっている」ことが多いので，通常はコンマをおいて開始点を明確にします．また，zu 不定詞句が 2 つ以上続く場合は，zu を繰り返します．

〈例〉 Es ist schwer, *sofort dieses Problem zu lösen*.
　　　この問題をすぐに解決するのは難しい．
　　　Mein Traum ist, *einmal nach Deutschland zu gehen und dort zu leben*.
　　　私の夢は一度ドイツに行って向こうに住むことです．
　　　Es ist mein Wunsch, *an der Universität Physik zu studieren*.
　　　大学で物理を専攻するのが私の望みだ．

zu 不定詞句の名詞的用法は，目的語としても使えます．

〈例〉 Ich habe vor, *im August meine Freunde in Deutschland zu besuchen*.
　　　8 月にドイツにいる友人たちを訪ねる予定です．

これに準じた用法として次のようなものがあります．これらは機能的に見てむしろ助動詞に近いので，普通 zu 不定詞句の先頭にコンマは入れません．

haben + zu 不定詞：	～しなければならない（cf. *have to do*）
brauchen + zu 不定詞：	～する必要がある（cf. *have to do*）
pflegen + zu 不定詞：	～するのが常である，～しがちである（cf. *tend to do*）
scheinen + zu 不定詞：	～するように見える（cf. *seem to do*）
vermögen + zu 不定詞：	～できる，～する能力がある（cf. *be able to do*）

このうち，brauchen + zu 不定詞は，否定形で使われることがほとんどです（cf. *don't have to do*）．

〈例〉Du brauchst heute nicht Deutsch zu lernen.
　　　今日はドイツ語を勉強しなくてよい．

もう1つ，同じような形式の熟語に次のものがあります．

sein + zu 不定詞：　　～されうる；～されなければならない

〈例〉Dieses Problem ist sehr schwer zu lösen.
　　　この問題は解決するのがとても難しい（＝「とても困難に解決されうる」）．
　　　Die Bücher sind sofort zu bestellen.
　　　それらの本はただちに注文されなければならない．

英語にも *be to do* という熟語がありますが，ドイツ語の sein + zu 不定詞は受身の意味を含んでいるのが大きな違いです．

7.3　形容詞的用法

zu 不定詞句が名詞や代名詞を修飾する場合，これを形容詞的用法と呼びます．

〈例〉Leider habe ich keine Zeit, *im Park spazieren zu gehen*.
　　　残念ながら公園を散歩する時間はありません．
　　　Hast du Lust *zu rauchen*?　　タバコ吸いたい？

イタリックにした zu 不定詞句は，直前の名詞を修飾しています．この場合も zu 不定詞句が長くなる場合は，開始点をコンマで示すのが普通です．

zu不定詞句が修飾する代名詞としては，etwas (*something*)，nichts (*nothing*)，viel (*much*)，wenig (*little*) などが重要です．

〈例〉Es gibt gar nichts *zu essen.*
　　　食べるものがまったくない．
　　　Haben Sie jetzt etwas *zu tun?*
　　　今何かするべきことがありますか（忙しいですか）？

後の例文は，haben + zu不定詞の構文（7. 2参照）ととれば，「何かしなければならないのですか？」という意味にもなります．どちらに訳してもあまり差がないこともあります．

名詞的用法のところで見たような例文を，形容詞的用法に転用することもできます．

〈例〉Mein Traum ist, *einmal in Deutschland zu leben.*
　　　私の夢は一度ドイツで暮らすことだ．
　　　(= Es ist mein Traum, *einmal in Deutschland zu leben.*)
　　　↓
　　　Ich gebe meinen Traum, *einmal in Deutschland zu leben*, nicht auf.
　　　私は一度ドイツで暮らすという私の夢をあきらめない．
　　　(= Ich gebe meinen Traum nicht auf, *einmal in Deutschland zu leben.*)

　　　Natürlich gibt es keinen Grund, *dir nicht die Wahrheit zu sagen.*
　　　もちろん君に本当のことを言わない理由などない．

7. 4　副詞的用法

英語の *to* 不定詞はそのままの形で「～するために」という目的を表わします（副詞的用法）．はっきり副詞的用法だと示すには，*in order to do* という形がありました．ドイツ語でそれに相当するのが，**um ... zu 不定詞**です．zu不定詞句の先頭にumをつけただけのものです．

〈例〉 die Ferien mit seiner Familie verbringen
　　　休暇を家族と過ごす
　　→ Er fährt nach Berlin, *um die Ferien mit seiner Familie zu verbringen.*
　　　彼は休暇を家族と過ごすためにベルリンに行く．

　注意すべき点は (1) 動詞本体以外の要素がすべて um と zu の間に挟まれること，(2) um の直後に 4 格の名詞・代名詞が来ると前置詞の um（〜の周りに，〜に関して）と混同しやすいことです．上の um die Ferien も，um ... zu 不定詞の一部であることがわからないと，「休暇の周りに」とか「休暇に関して」と誤解してしまいます．

〈例〉 Du musst sofort losfahren, *um um 10 Uhr dort anzukommen.*
　　　10 時にそこに着くには，すぐに出ないとだめだよ．

　この例では，最初の um が um ... zu 不定詞，2 番目の um が前置詞です．

　副詞的用法には，um ... zu 不定詞のほかに，ohne ... zu 不定詞（〜することなしに，〜せずに）と statt (anstatt) ... zu 不定詞（〜する代わりに）があります．それぞれ英語の *without ...ing* と *instead of ...ing* に相当します．

〈例〉 Sie will nichts aufgeben, *ohne es einmal zu* versuchen.
　　　彼女は試してみないうちは何事もあきらめようとしない．

　　　Statt (Anstatt) ins Kino zu gehen, müssen wir Russisch lernen.
　　　映画に行く代わりに，ロシア語を勉強しなければならない．

　um ... zu 不定詞の応用として，英語の *enough to do*（...するのに十分な），*too 〜 to do*（...するにはあまりに〜だ，〜すぎて ... できない）に相当する表現があります．*enough* にあたるのが genug，「あまりに」の *too* にあたるのが zu です（前置詞や zu 不定詞の zu と混同しないでください）．

　genug + um ... zu 不定詞：
　　　Wir haben *genug* Geld, *um bis nach München zu fahren.*
　　　私たちは，ミュンヘンまで行くのに十分なお金がある．

zu ～ + um ... zu 不定詞：
　　Ich bin *zu* müde, *um* noch Auto *zu* fahren.
　　私はあまりに疲れているのでもう車を運転できない.
　　(= Ich bin *zu* müde, *als dass ich noch Auto fahren kann.*)

後者の場合, um ... zu 不定詞は, 上のように als dass + 副文に置き換えることもできます.

7.5　代名副詞 (2)：後方照応

6.5 で代名副詞, つまり, 前置詞と人称代名詞が融合した形「da(r)– +前置詞」について学びました. 代名副詞が登場済みの事物を指す場合 (＝前方照応) は意味がとりやすいのですが, 逆に, **後出の zu 不定詞句や副文を受ける**場合もあります. このような用法を, **後方照応**と呼びます. まずは, zu 不定詞句を先取りしているケースを見ましょう.

〈例〉Wir wissen schon, dass wir viele Probleme haben. Es kommt jetzt *darauf* an, *etwas dagegen zu tun*.
　　いろいろな問題があることはすでにわかっている. 今重要なのは, それに対抗して何かをすることだ.

代名副詞の darauf (<auf) は, すぐ後の zu 不定詞句 (etwas dagegen zu tun: それに対抗して何かをする) を先取りしています. つまり, 後方照応です. ちなみにこの zu 不定詞句の中にある代名副詞 dagegen (<gegen: ～に対抗して) は前方照応で,「いろいろな問題があること」を受けています.
ところで, なぜ dar*auf* という形が使われるのでしょうか. それは, auf *et*⁴. an|kommen で「～が問題である, 重要である」という熟語になっているからです (ここでは「到着する」という意味ではありません). だから, 上の例文を辞書で調べる時, darauf だけを引くとかえってわからなくなってしまいます. 上の熟語を知らない場合は, 後ろに zu 不定詞句があることを確認した上で an|kommen を調べ直し, auf を使った熟語がないかどうか探します. 熟語がわかれば, auf *et*⁴. an|kommen の auf 以下が, 代名副詞 darauf に変化していると判断できます.
このような熟語は他にもたくさんあります. 主に動詞が中心となりますが, 次の最初の例文のように, 形容詞が特定の前置詞と結びついている場合もあります.

〈例〉Seid ihr *dazu* bereit, *meine Frage zu beantworten?*
君たちは，私の質問に答える用意があるのか？
(zu *et³*. bereit sein: 〜する用意・準備ができている)
Ich möchte Sie *darum* bitten, *mich heute Abend anzurufen.*
今晩私に電話してもらうようお願いしたいのですが．
(*jn*. um *et⁴*. bitten: ... に〜 [すること] を頼む)

なお，今の2つの例の場合，それぞれ dazu と darum を省略することも可能です．言い換えれば，形容詞 bereit は zu 不定詞句を単独で補語としてとることができるし，動詞 bitten は zu 不定詞句を単独で目的語としてとることができます．

最後に，代名副詞が後の副文を先取りするケースを見ておきます．この場合，dass（〜ということ）や ob（〜かどうか）で始まる副文のほか，疑問詞で始まる副文もよく用いられます．

〈例〉Alles hängt *davon* ab, *ob du noch genug Zeit hast oder nicht.*
すべては君にまだ十分時間があるかどうか次第だ．
(von *jm./et³*. ab|hängen: 〜次第である，〜による)
Das Problem besteht *darin, was für ein Mensch man ist.*
問題は，その人がどんな人間であるかという点にある．
(in *et³*. bestehen: 〜に存する)

◇ **四季・月・曜日の名称**

以下の名詞はすべて男性名詞です．バラバラに覚えてもあまり意味がないのでまとめて覚えましょう．なお，「春に」「1月に」などの「に」は im ～ で表わし，「月曜日に」の「に」は am ～ で表わします．

(四季)
- Frühling 春
- Sommer 夏
- Herbst 秋
- Winter 冬

(曜日)
- Montag 月曜日
- Dienstag 火曜日
- Mittwoch 水曜日
- Donnerstag 木曜日
- Freitag 金曜日
- Samstag 土曜日 (Sonnabend とも)
- Sonntag 日曜日

(月)
- Januar 1月
- Februar 2月
- März 3月
- April 4月
- Mai 5月
- Juni 6月
- Juli 7月
- August 8月
- September 9月
- Oktober 10月
- November 11月
- Dezember 12月

Übung 1 日本語に合うドイツ語文を答えなさい．

真実を認めることは必ずしも容易ではない．
  – *Es ist nicht immer leicht, die Wahrheit anzuerkennen.*
ドイツ語を勉強するのは楽しい？
  – *Macht es euch Spaß, Deutsch zu lernen?*
ここでタバコを吸うことは禁じられている．
  – *Es ist verboten, hier zu rauchen.*
この質問にすぐに答えることは難しい．
  – *Es ist schwer, diese Frage sofort zu beantworten.*

Übung 2 次の文を指示にしたがって置き換えなさい．
Ich habe vor, im August meine Freunde in Deutschland zu besuchen.
  （指定の主語＋不定詞句の組み合わせに置き換える）

wir, die Ferien bei unseren Eltern verbringen
  （私たち，休暇を両親のところで過ごす）
    – *Wir haben vor, die Ferien bei unseren Eltern zu verbringen.*

der Student, seine Freundin zum Essen einladen
  （その大学生，ガールフレンドを食事に招待する）
    – *Der Student hat vor, seine Freundin zum Essen einzuladen.*

du, was an der Universität studieren
  （君，何を大学で勉強する）
    – *Was hast du vor, an der Universität zu studieren?*

ich, im August meine Freunde in Deutschland besuchen
  （私，8月にドイツにいる友人たちを訪ねる）
    – *Ich habe vor, im August meine Freunde in Deutschland zu besuchen.*

Übung 3 次の文を指示にしたがって置き換えなさい．
Habt ihr *Lust, am Wochenende zusammen ins Kino zu gehen?*
(指定の目的語＋不定詞句の組み合わせに置き換える)

Gelegenheit, bald eure Eltern sehen
(機会，近いうちに君たちの両親に会う)
– Habt ihr *Gelegenheit, bald eure Eltern zu sehen?*
Zeit, im Park spazieren gehen
(時間，公園を散歩する)
– Habt ihr *Zeit, im Park spazieren zu gehen?*
Geld, bis nach Wien fahren
(お金，ウィーンまで行く)
– Habt ihr *Geld, bis nach Wien zu fahren?*
Lust, am Wochenende zusammen ins Kino gehen
(気持ち，週末一緒に映画を観にいく)
– Habt ihr *Lust, am Wochenende zusammen ins Kino zu gehen?*

Übung 4 日本語に合うドイツ語文を答えなさい．

むしろ重要なのは，質問を理解することだ．
– *Vielmehr kommt es darauf an, die Frage zu verstehen.*
今晩私に電話してもらうようお願いできますか？
– *Kann ich Sie darum bitten, mich heute Abend anzurufen?*
すべては明日の天気がいいかどうかにかかっている．
– *Alles hängt davon ab, ob das Wetter morgen schön ist.*
問題は，私たちにあとどのくらい時間があるかだ．
– *Das Problem besteht darin, wie viel Zeit wir noch haben.*

単語リスト

Nr.	Vokabeln		Japanisch
251	immer	adv.	いつも，つねに
252	leicht	adj.	容易な，簡単な；軽い
253	schwer	adj.	困難な，難しい；重い
254	verboten	adj.	禁止された
255	Wahrheit, die	f. – / –en	真実，真理
256	an|erkennen	vt. anerkennen – erkannte ... an – anerkannt	認める，承認する
257	vor|haben	vt. vorhaben – hatte ... vor – vorgehabt	予定する，～するつもりだ
258	Wochenende, das	n. –s / –n	週末
259	zusammen	adv.	一緒に；全部で
260	Kino, das	n. –s / –s	映画館
261	Oper, die	f. – / –n	オペラ（ハウス）
262	Familie, die	f. – / –n	家族
263	verbringen	vt. verbringen – verbrachte – verbracht	（時間を）過ごす
264	vielmehr	adv.	むしろ
265	etwas	pron.	何か，あるもの
266	tun	vt. tun – tat –getan	する
267	Problem, das	n. –s / –e	問題
268	lösen	vt.	解く，解決する
269	genug	pron. / adv.	十分（に）
270	nichts	pron.	何も～ない
271	bereit	adj.	準備のできた，用意のある
272	brauchen	vt.	（zu 不定詞と）～する必要がある（主に否定形で使う）
273	scheinen	vi. (h.) scheinen – schien – geschienen	（zu 不定詞と）～するように見える
274	vermögen	vt. vermögen – vermochte – vermocht	（zu 不定詞と）～できる，～する能力がある
275	pflegen	vt.	（zu 不定詞と）～しがちである

Nr.	Vokabeln		Japanisch
276	Spaß, der	*m.* –es / Späße	楽しみ；冗談
277	m<u>a</u>chen	*vt.*	作る，する
278	Traum, der	*m.* –(e)s / Träume	夢
279	Wunsch, der	*m.* –(e)s / Wünsche	望み，願い
280	Grund, der	*m.* –(e)s / Gründe	理由，根拠
281	Gel<u>e</u>genheit, die	*f.* – / –en	機会
282	Fr<u>a</u>ge, die	*f.* – / –n	質問，疑問
283	be<u>a</u>ntworten	*vt.*	答える
284	<u>E</u>ltern, die	*pl.*	両親
285	Universit<u>ä</u>t, die	*f.* – / –en	大学
286	stud<u>ie</u>ren	*vt.*	（大学で）勉強する，専攻する
287	b<u>i</u>tten	*vt.* bitten – bat – gebeten	(*jn.* um *et*³. ...に〜を) 頼む
288	h<u>o</u>ffen	*vt.*	望む，期待する
289	Park, der	*m.* –s / –s	公園
290	spaz<u>ie</u>ren	*vi.* (*s.*)	散歩する （通常 spazieren gehen で）
291	<u>ein</u>|laden	*vt.* einladen – lud ... ein – eingeladen	招く，招待する
292	<u>ab</u>|hängen	*vi.* (*h.*) abhängen – hing ... ab – abgehangen	(von *jm./et*³.) 〜次第である，〜による
293	best<u>e</u>hen	*vt. / vi.* (*h.*) bestehen – bestand – bestanden	(in *et*³.) 〜に存する；合格する
294	Sek<u>u</u>nde, die	*f.* – / –n	秒
295	St<u>u</u>nde, die	*f.* – / –n	1 時間（cf. Nr. 148）
296	W<u>o</u>che, die	*f.* – / –n	週
297	M<u>o</u>nat, der	*m.* –(e)s / –e	1ヶ月
298	Jahr, das	*n.* –(e)s / –e	年
299	<u>A</u>nfang, der	*m.* –(e)s / Anfänge	始まり
300	<u>E</u>nde, das	*n.* –s / –n	終わり

m. 男性名詞　　*f.* 女性名詞　　*n.* 中性名詞　　–(e) s / –e 単数 2 格 / 複数 1 格
sg. 単数　　*pl.* 複数　　*vt.* 他動詞　　*vi.* 自動詞　　(*h.*) haben 支配　　(*s.*) sein 支配
vr. 再帰動詞　　heißen – hieß – geheißen 不定形 – 過去基本形 – 過去分詞　　*adj.* 形容詞
adv. 副詞　　*konj.* 接続詞　　*präp.* 前置詞　　*pron.* 代名詞

Lektion 8　未来・過去・完了

Schlüsselsätze

8-1. In Köln wird er wahrscheinlich nur einen Tag bleiben.
　　彼はおそらくケルンに1日しか滞在しないだろう．
8-2. Als er noch Student war, lernte er Julia kennen.
　　彼はまだ大学生のころ，ユーリアと知り合った．
8-3. Man hat mir erst gestern mitgeteilt, dass mein Onkel gestorben ist.
　　昨日はじめて私は伯父が亡くなったと知らされた．
8-4. Sie soll wirklich Schauspielerin geworden sein.
　　彼女は本当に女優になったといううわさだ．
8-5. Haben Sie am Bahnhof Ihre Frau finden können?
　　駅で奥さんを見つけることはできたのですか？

8.1　動詞の変化：werden

werden の現在人称変化

ich	werde	wir	werden
du	wirst [vɪrst]	ihr	werdet [vérdət]
er sie es	wird [vɪrt]	sie (Sie)	werden

　変化が不規則で，しかも重要な動詞として，英語の be 動詞にあたる sein と，英語の have にあたる haben を習いました（2.4, 2.5 参照）．変化が不規則で，しかも重要な動詞と言えば，もう1つ，werden をあげなければなりません．
　不規則といっても，よく見るとすでに習った e → i 型（3.2 参照）の一種であることがわかります．特に，3人称単数の形に注意しましょう．なお，基本の語幹（werd–）が –d で終わっているので，2人称複数の ihr では語尾が –t でなく，「口調上の調整」が行われて –et になっています（2.2, p.13 参照）．
　werden は，(1) 英語の become（～になる）と，(2) 未来を表わす will（～だ

ろう）と，(3) 受動を表わす be 動詞（〜される）を兼ねるという，とてつもなく芸達者な動詞です．ここでは，最初の 2 つの用法について説明しましょう．(3) については Lektion 11 で学習します．

〈例〉 Es *wird* bald 12 Uhr.
　　　まもなく 12 時になる．
　　　Wer möchte nicht reich *werden*?
　　　金持ちになりたくない人などいるだろうか？
　　　Ihr Traum ist, Schauspielerin zu *werden*.
　　　彼女の夢は，女優になることだ．

　この例を見てもわかるように，「〜になる」という表現自体，「まだ実現していない」「これから実現する」ことを含意しています．このため，werden は**未来を表す助動詞**として使われるようになりました．助動詞ですから，Lektion 4 で学んだ話法の助動詞と同じ語順になります．

〈例〉 1) heute Deutsch lernen *müssen*
　　　　今日ドイツ語を勉強しなければならない
　　　　　　　　　　　　（cf. *must learn German today*）
　　　2) morgen Deutsch lernen *werden*
　　　　明日ドイツ語を勉強するだろう
　　　　　　　　　　　　（cf. *will learn German tomorrow*）

　　1') Ihr *müsst* heute Deutsch lernen.
　　　　君たちは今日ドイツ語を勉強しなければならない．
　　2') Ihr *werdet* morgen Deutsch lernen.
　　　　君たちは明日ドイツ語を勉強するだろう．

　ドイツ語で未来を表わすのは werden で，英語の *will* と形が似ている wollen （〜したい）ではないことに注意してください（cf. 4. 1, p. 36）．とはいえ，ドイツ語ではたいていの場合，**現在形で未来の意味を表す**ことができてしまいます．

　　2'') Ihr *lernt* morgen Deutsch.
　　　　君たちは明日ドイツ語を勉強する（だろう）．

werden が使われるのは，純粋な未来の意味というより，推量などの意味を含む場合です．

〈例〉In Köln *wird* er wahrscheinlich nur einen Tag bleiben.
　　　彼はおそらくケルンに1日しか滞在しないだろう．

場合によっては，未来の意味すらなく，単に現在の推量を表わすこともあります．

〈例〉Er *wird* jetzt wohl krank sein.
　　　彼は今おそらく病気なのだろう．

このため，文法書によっては werden を一種の話法の助動詞として扱っている場合もありますが，このテキストでは，未来形を独立の時制として扱います．

8.2　三基本形

これまで学んできた動詞の変化は，すべて現在人称変化です．未来時制も，werden の現在人称変化＋不定詞で表すことには変わりありません．このほかドイツ語には，英語と同じく過去形があり，さらに，現在・過去・未来それぞれの完了時制があります．ひとまず完了時制でないものを単純時制と呼ぶとすると，3×2＝6通りのパターンがあることになります．

	単純時制	完了時制
現在	語幹＋現在人称変化語尾	haben / sein［現在］……過去分詞
過去	過去基本形＋過去人称変化語尾	haben / sein［過去］……過去分詞
未来	werden［現在］……不定詞	werden［現在］…過去分詞＋haben / sein

現在人称変化は，語幹＋現在人称変化語尾の形でした（cf. 2.2）．それに対して過去人称変化は，**過去基本形**という形をもとにして作ります（8.3参照）．また，完了時制の場合，haben（あるいは sein）と**過去分詞**を組み合わせて作ります（8.4，8.5参照）．

英語で *go – went – gone* といって3つの形を覚えますが，ドイツ語でも同様

に，不定詞・過去基本形・過去分詞の組み合わせを覚えておけば，6つの時制がすべて作れることになります．この組み合わせを**三基本形**（あるいは三要形）と呼びます．

◇ **規則変化**

まずは規則変化の場合を見ましょう．不定詞が「語幹＋–(e)n」の形であったことを思い出してください．語幹にあたる部分を―で表わせば，規則変化の三基本形は次のようにして作ることができます．

不定詞 – 過去基本形 – 過去分詞： –(e)n   –te   ge–t

英語だと規則変化の過去形と過去分詞は *–ed* をつけるだけで両方とも同じ形になりますが，ドイツ語は過去分詞に原則として ge– という前つづりをつけ，語尾には –t という形を使うので，過去分詞のほうはすぐわかります．例えば，setzen（座らせる，置く），ändern（変える）だと，三基本形は次のようになります．

〈例〉 setzen:　　setz*en*　　setz*te*　　*ge*setz*t*
　　 ändern:　　änder*n*　　änder*te*　　*ge*änder*t*

また，語幹が –t, –d, –chn, –ffn などで終わるものは，現在人称変化でも口調上の e を入れますが（cf. 2. 2），過去基本形と過去分詞でも –te や –t の前に同じく口調上の e を入れます．arbeiten（働く），öffnen（開く）の例を見てみましょう．

〈例〉 arbeiten:　　arbeit*en*　　arbeit*ete*　　gearbeit*et*
　　 öffnen:　　　öffn*en*　　　öffn*ete*　　　geöffn*et*

規則変化の動詞から派生した分離動詞や非分離動詞も，基本的には同じ方法で三基本形を作りますが，いくつかの注意が必要です．まず，**分離動詞**の場合，過去基本形では現在の場合と同じく，前つづりが分離します．また，過去分詞は，分離の前つづりと語幹の間に ge– を入れて全体を1語にして書きます（p. 78 の zu 不定詞の作り方を参照）．

非分離動詞の場合，過去基本形では –te がつくだけですが，過去分詞では **ge–** がつかなくなることに注意してください．もともと非分離の前つづりがついているの

で，過去分詞を作る前つづり ge– をさらに加えることはできないのです．Lektion 5 でみた分離動詞 über|setzen（船で向こう岸に渡す）と非分離動詞 übersetzen（翻訳する）を比べてみましょう．

〈例〉über|setzen:　　übersetz*en*　　setz*te* ... über　　über*ge*setz*t*
　　　　　　　　　　　　　　　　　　　　　　　　（分離動詞：向こう岸に渡す）
　　　übersetzen:　　übersétz*en*　　übersétz*te*　　übersétz*t*
　　　　　　　　　　　　　　　　　　　　　　　　（非分離動詞：翻訳する）

　結果的に，規則変化の非分離動詞の場合，過去分詞は現在人称変化の 3 人称単数と同形になります．同じく規則変化（語幹が無変化）でありながら，やはり過去分詞で ge– がつかないものに **–ieren** で終わる動詞があります．

〈例〉studieren:　　studier*en*　　studier*te*　　studier*t*
　　　　　　　　　　　　　　　　　　　（gestudiert とはならない）

◇ **不規則変化**

　不規則変化に属する動詞は動詞全体から見れば少数派なのですが，よく使われるものが多い――この点も英語と似ています．また，ある動詞が規則変化か不規則変化かを知るのに，いちいち辞書を引くわけにも行かないので，まずは不規則変化の動詞の三要形を一通り覚えてしまう必要があります．覚えておけば，「不規則変化でない＝規則変化」ですから，すべての動詞の変化がわかるわけです（詳細は，不規則変化動詞変化表（p. 175 以下）を参照）．

　不規則変化の大部分は，過去基本形で –te がつかず，過去分詞が ge–en となります（これを特に強変化動詞と呼ぶこともあります）．ごく少数ですが，過去基本形の –te と過去分詞の ge–t をもつものもあります（これは混合変化動詞とも呼ばれます）．いずれにせよ，不規則変化では，三要形の語幹の部分が一定ではなく，3 つが全部別の形になったり，3 つのうち 2 つが同じ形になったりします．まず，強変化の例をいくつか見てみましょう．

(強変化動詞：語幹が 3 種類のもの)
〈例〉finden（見つける）:　　finden　　fand　　*gefunden*
　　　werden（～になる）:　　werden　　wurde　　*geworden*（別形：worden）

　findenだと，母音が *i–a–u* と変化しています．とはいえ，変化するのはほとんど母音だけで，子音が変化することはごくまれです（子音の変化も，有声音と無声音の交替などに限られます）．
　ただ，不規則変化の代表格 sein のように，似ても似つかない形に変化するものや，gehen のように，不定詞にはなかった子音が加わる例もあります．

〈例〉sein（～である）:　　sein　　war　　*gewesen*
　　　gehen（行く）:　　gehen　　*ging*　　*gegangen*

(強変化動詞：語幹が 2 種類のもの)
〈例〉kommen（来る）:　　kommen　　kam　　*gekommen*
　　　　　　　　　　　　　　　　　　（不定詞と過去分詞が同じ語幹）
　　　fahren（乗り物で行く）:　　fahren　　fuhr　　*gefahren*　　（同上）
　　　bleiben（とどまる）:　　bleiben　　blieb　　*geblieben*
　　　　　　　　　　　　　　　　　　（過去基本形と過去分詞が同じ語幹）
　　　stehen（立っている）:　　stehen　　stand　　*gestanden*　　（同上）

　次に，混合変化の例を見てみます．過去基本形と過去分詞は同じ語幹になっています．

(混合変化動詞)
〈例〉kennen（知っている）:　　kennen　　kannte　*gekannt*
　　　wissen（知っている）:　　wissen　　wusste　*gewusst*

　なお，重要な動詞 haben の変化も，過去基本形で –te，過去分詞で ge–t の形になります．

〈例〉haben（もっている）:　　haben　　hatte　　*gehabt*

Lektion 8　未来・過去・完了

しかし，不規則変化の三要形は，理屈をつけるより先に覚えてしまったほうが合理的です．

不規則変化の動詞から派生した分離動詞や非分離動詞は，規則変化の場合と同じ点に注意する必要がありますが，もとの動詞さえ変化を覚えていれば，別個に覚えなおす必要はありません．上で見た stehen（立っている）の派生語，auf|stehen（起きる・分離動詞）と verstehen（理解する・非分離動詞）の例を見てみましょう．

〈例〉 stehen:　　　stehen　　　stand　　　　***ge*standen**
　　　auf|stehen:　　aufstehen　　stand ... auf　auf***ge*standen**
　　　　　　　　　　　　　　　　　　　　　　（分離動詞：起きる）

　　　verstehen:　　verstehen　　verstand　　**verstanden**
　　　　　　　　　　　　　　　　　　　　　　（非分離動詞：理解する）

非分離動詞では過去分詞でも ge– がつかないことを思い出してください．なお，不定詞が ge– で始まる非分離動詞の過去分詞には ge– がつきますが，これはあくまで非分離の前つづりです．ややこしいことに，このような過去分詞は，派生元の（つまり不定詞に ge– がつかない）動詞の過去分詞とまったく同形になってしまいます．次の例の場合，fallen の過去分詞なのか，gefallen の不定詞（あるいは現在1人称複数・3人称複数）なのか，gefallen の過去分詞なのか，文脈から判断しなければなりません．

〈例〉fallen（落ちる）：　　　　　fallen　　fiel　　　***ge*fallen**
　　　gefallen（気に入られる）：　***ge*fallen**　***ge*fiel**　***ge*fallen**

8.3　動詞の変化：過去

英語の過去形は，*be* 動詞が主語によって *was* か *were* になる以外は，人称にかかわらず常に1つの形しかありません．これに対してドイツ語の過去形は，過去基本形に人称変化語尾をつけた変化をします．

過去人称変化の語尾（– は過去基本形を表します）

ich	–	wir	–(e)n
du	–st	ihr	–t
er sie es	–	sie (Sie)	–(e)n

　現在人称変化語尾（2. 2 参照）と比べて変化が少なくなっていますが，語尾はおなじみの形ばかりです．1 人称・3 人称の単数では，過去基本形がそのまま使われます．1 人称・3 人称複数で –(e)n となっているのは，過去基本形が –e で終わっている場合（＝規則変化や混合変化の動詞）は –n だけをつけるという意味です．ちなみに，この過去人称変化は，話法の助動詞の現在人称変化とちょっと似ています（4. 1 参照）．では，lernen, sein の過去基本形 lernte，war に語尾をつけて過去人称変化を作ってみましょう．現在人称変化と比較してください．

lernen の過去人称変化（過去基本形 lernte）

ich	lernte	wir	lernte*n*
du	lernte*st*	ihr	lernte*t*
er sie es	lernte	sie (Sie)	lernte*n*

sein の過去人称変化（過去基本形 war）

ich	war	wir	war***en***
du	war***st***	ihr	war***t***
er sie es	war	sie (Sie)	war***en***

　過去形は定動詞（2. 3 参照）ですから，これまで定動詞の位置について述べてきたことがすべて当てはまります．これまでの例にならって不定詞句から過去形の語順を考えてみましょう．

Lektion 8　未来・過去・完了

〈例〉1) noch Student *sein*
　　　まだ大学生である
　　2) das Buch nicht finden *können*
　　　その本を見つけられない
　　3) um 5 Uhr in Frankfurt an|*kommen*
　　　5 時にフランクフルトに着く

　　1') Er *war* noch Student.
　　　　彼はまだ大学生だった．　　　　　　　　　　　［定動詞第 2 位］
　　1") Damals *war* er noch Student.
　　　　当時彼はまだ大学生だった．　　　　　　［第 1 位が主語以外の要素］
　　1"') [Als er noch Student *war*] , *lernte* er Julia kennen.
　　　　彼はまだ大学生のころ，ユーリアと知り合った．　　　［副文・後置］
　　2') Wir *konnten* das Buch nicht finden.
　　　　私たちはその本を見つけられなかった．　　　　　　［話法の助動詞］
　　3') Ich *kam* um 5 Uhr in Frankfurt an.
　　　　私は 5 時にフランクフルトに着いた．　　　　　　　　　［分離動詞］

8. 4　完了時制

　英語だと過去形と現在完了には細かい使い分けがありますが，ドイツ語ではそのような使い分けが事実上ありません．日常語では現在完了がよく使われ，過去形はそれほど使われないのです．どちらかというと過去形のほうがよく使われるのは，sein や haben や話法の助動詞など使用頻度の高い動詞です．

　8. 2 で見たように，完了時制には現在完了だけでなく過去完了や（ほとんど使われませんが）未来完了もあります．基本となるのは，過去分詞と haben あるいは sein を組み合わせた**完了不定詞**です．この場合の haben や sein は「もっている」や「～である」の意味ではなく，完了の助動詞として使われています．動詞ごとにどちらを使うかが決まっていますが（8. 5 参照），完了の助動詞が現在形なら現在完了，過去形なら過去完了，未来形なら未来完了です．

　完了不定詞をもとに，現在完了の文を作ってみます．完了の助動詞と過去分詞が残りの要素をサンドイッチする**枠構造**ができます（4. 2, 5. 3, 6. 1 参照）．

〈例〉1) es Ihnen mitgeteilt *haben*
　　　　それをあなたに伝えた
　　　　　　　［mit|teilen（伝える）の完了不定詞，完了の助動詞は haben］
　　　2) wirklich Schauspielerin geworden *sein*
　　　　本当に女優になった［werden の完了不定詞，完了の助動詞は sein］

　　　1') Wer *hat* es Ihnen mitgeteilt?
　　　　誰がそれをあなたに伝えたのですか？
　　　2') Sie *ist* wirklich Schauspielerin geworden.
　　　　彼女は本当に女優になった．

過去完了は，過去の一時点から見た過去の事柄を表します．

〈例〉Als wir dort ankamen, *hatte* das Spiel schon *angefangen*.
　　　私たちがそこに着いたとき，試合はもう始まっていた．

未来完了は，完了不定詞に未来の助動詞 werden をつけた形で，未来のある時点で完了している事柄を表わします．不定詞句をもとに文を作ってみましょう．動詞部分が3語になることに注意してください．

〈例〉diesen Roman gelesen haben *werden*
　　　　この小説を読み終えているだろう　　　　［lesen の未来完了不定詞］
　→ Bis morgen *wirst* du diesen Roman gelesen haben.
　　　君は明日までにこの小説を読み終えているだろう．

未来完了と同じ要領で，話法の助動詞と完了不定詞を組み合わせた文を作ることができます．

〈例〉1) schon einmal diesen Roman gelesen haben *müssen*
　　　　すでに一度この小説を読んだにちがいない　　　［müssen: 推定］
　　　2) wirklich Schauspielerin geworden sein *sollen*
　　　　本当に女優になったらしい　　　［sollen: 第三者の主張・うわさ］

1') Er *muss* schon einmal diesen Roman gelesen haben.
   彼はもうこの小説を読んだことがあるにちがいない．
2') Sie *soll* wirklich Schauspielerin geworden sein.
   彼女は本当に女優になったといううわさだ．

8.5 sein 支配と haben 支配

完了の助動詞に (A) haben を使う動詞と (B) sein を使う動詞があります．(A) を **haben 支配**の動詞，(B) を **sein 支配**の動詞と言います．「〜支配」というのは「〜と一緒に使われる」程度の意味です (cf. 6.3)．ほとんどの動詞が haben 支配なので，まずはどういう動詞が sein 支配になるのかを知っておく必要があります．

条件1　自動詞（＝4格目的語をとらない動詞）であること
条件2　a)　場所の移動を表わす動詞
　　　　　　例：gehen（行く），an|kommen（到着する），fallen（落ちる）
　　　　b)　状態の変化を表わす動詞
　　　　　　例：werden（〜になる），sterben（死ぬ），ein|schlafen（眠り込む）
　　　　c)　その他少数の例外で，sein（〜である），bleiben（とどまる），begegnen（出会う）など

これ以外はすべて haben 支配です．とはいえ，これは目安にすぎません．辞書を引くと，それぞれの動詞が haben 支配か sein 支配かが書いてあります．辞書にもよりますが，haben 支配なら (*h.*)，sein 支配なら (*s.*) という具合です．他動詞はすべて haben 支配なので，自動詞だけ区別を示している辞書もあります．

なお，上に「〜になる」の意味であげた werden は，受動態を作る助動詞としても sein 支配になります（11.2参照）．

◇ **話法の助動詞の完了時制**

英語の助動詞 *can* や *will* には過去形がありますが，現在完了形はありません．ドイツ語の話法の助動詞は，何の問題なく完了時制を作ることができます．独立した動詞としての性格が強いわけです．話法の助動詞はすべて haben 支配ですが，過去分詞が不定詞とまったく同じ形になることに注意しなければなりません．例として，können と wollen の三要形を見てみましょう（過去基本形は，すべての話法の助動詞で –te がつきます．過去分詞の「別形」についてはすぐ後で説明します）．

〈例〉 können: können konnte *können*（ただし別形：gekonnt）
　　　 wollen: wollen wollte *wollen*（ただし別形：gewollt）

過去形と現在完了形を不定詞句から作って比較してみましょう．

〈例〉 1) das Buch nicht finden *können*
　　　　その本を見つけられない　　　　　　　　　　　[können は不定詞]
　　　 2) das Buch nicht finden können *haben*
　　　　その本を見つけられなかった　　　　　　　　　[können は過去分詞]

　　　 1') Wir *konnten* das Buch nicht finden.
　　　　私たちはその本を見つけられなかった．
　　　 2') Wir *haben* das Buch nicht finden können.
　　　　私たちはその本を見つけられなかった．　　[cf. Schlüsselsatz 8-5]

もう1つややこしい話があります．話法の助動詞には，本動詞をとらない独立用法がありました（cf. 4. 2, p. 38f.）．その場合，過去分詞は不定詞と同じ形ではなく，ge–t という別形を使うのです．

〈例〉 1) gleich nach Hause fahren *wollen*
　　　　すぐに家に帰ろうとする
　　　 2) gleich nach Hause *wollen*
　　　　すぐに家に帰ろうとする

　　　 1') Er *hat* gleich nach Hause fahren wollen.
　　　　彼はすぐに家に帰りたがった．　　　　　　　[wollen は過去分詞]
　　　 2') Er *hat* gleich nach Hause gewollt.
　　　　彼はすぐに家に帰りたがった．　[gewollt は独立用法の過去分詞]

本動詞のように使われる mögen（～が好きだ）でも同様です．

〈例〉 Ich habe den Studenten nicht gemocht.
　　　私はその大学生が好きでなかった．
　　　　　　　　　　　　　　　　[gemocht は mögen の過去分詞別形]

Lektion 8　未来・過去・完了

Übung 1 現在形の文を未来形の文に書き換えなさい．

 In Köln bleibt er wahrscheinlich nur einen Tag.
 彼はおそらくケルンに1日しか滞在しない．
    – In Köln *wird* er wahrscheinlich nur einen Tag *bleiben*.
    彼はおそらくケルンに1日しか滞在しないだろう．
 Morgen stehst du sehr früh auf.
 明日君はとても早く起きる．
    – Morgen *wirst* du sehr früh *aufstehen*.
    明日君はとても早く起きるだろう．
 Ich komme um 8 Uhr in Berlin an.
 私は8時にベルリンに着く．
    – Ich *werde* um 8 Uhr in Berlin *ankommen*.
    私は8時にベルリンに着くだろう．
 Vielleicht sind sie mir böse.
 彼らは私に腹を立てているかもしれない．
    – Vielleicht *werden* sie mir böse *sein*.
    彼らは私に腹を立てているのだろう．

Übung 2 次の文を指示にしたがって置き換えなさい．
 Als er noch Student war, *lernte er Julia kennen*.
      （指定された文を使って後半を書き換える）

 Er besuchte oft die Lehrerin.（彼はよく先生を訪ねた）
    – Als er noch Student war, *besuchte er oft die Lehrerin*.
 Er hatte einen Unfall.（彼は事故にあった）
    – Als er noch Student war, *hatte er einen Unfall*.
 Er hat fleißig gearbeitet.（彼は真面目に勉強した）
    – Als er noch Student war, *hat er fleißig gearbeitet*.
 Seine Eltern sind gestorben.（彼の両親が亡くなった）
    – Als er noch Student war, *sind seine Eltern gestorben*.

Er lernte Julia kennen.（彼はユーリアと知り合った）
　　　　　– Als er noch Student war, *lernte er Julia kennen.*

Übung 3　過去形の文を現在完了形の文に書き換えなさい.

Wer teilte es Ihnen mit?
誰がそれをあなたに伝えたのですか？
　　　　　– Wer *hat* es Ihnen *mitgeteilt?*
In Köln blieb er nur einen Tag.
彼はケルンに1日しか滞在しなかった.
　　　　　– In Köln *ist* er nur einen Tag *geblieben.*
Man übersetzte schon diesen Roman.
もうこの小説は翻訳された.
　　　　　– Man *hat* schon diesen Roman *übersetzt.*
Konnten Sie am Bahnhof Ihre Frau finden?
駅で奥さんを見つけることはできたのですか？
　　　　　– *Haben* Sie am Bahnhof Ihre Frau *finden können?*

単語リスト

Nr.	Vokabeln		Japanisch
301	werden	*vi.* (*s.*) werden – wurde – geworden (worden)	～になる；～だろう（未来）；～される（受動）
302	bleiben	*vi.* (*s.*) bleiben – blieb – geblieben	とどまる，～のままである
303	als	*konj.*	～した時；～より（比較）；～として
304	kennen lernen	*vt.*	～と知り合う
305	erst	*adv.* / *adj.*	やっと，ようやく；第1の，最初の
306	gestern	*adv.*	昨日
307	mit|teilen	*vt.*	伝える，知らせる
308	Onkel, der	*m.* –s / –	おじ
309	sterben	*vi.* (*s.*) sterben – starb – gestorben	死ぬ
310	wirklich	*adv.*	本当に
311	Schauspielerin, die	*f.* – / –nen	女優，（女の）俳優
312	Bahnhof, der	*m.* –(e)s / –höfe	駅
313	finden	*vt.* finden – fand – gefunden	見つける；(～を...と) 思う
314	reich	*adj.*	金持ちの，豊かな
315	arm	*adj.*	貧しい；哀れな
316	wohl	*adv.*	おそらく；良く
317	krank	*adj.*	病気の
318	gesund	*adj.*	健康な
319	ändern	*vt.*	変える，変更する
320	arbeiten	*vi.* (*h.*)	働く，仕事する；勉強する
321	öffnen	*vt.*	開く
322	schließen	*vt.* schließen – schloss – geschlossen	閉じる
323	damals	*adv.*	その頃，当時
324	Spiel, das	*n.* –(e)s / –e	試合，ゲーム；遊び；劇
325	Roman, der	*m.* –s / –e	（長編）小説
326	ein|schlafen	*vi.* (*s.*) e.schlafen – schlief ... e. – e.geschlafen	眠り込む，寝入る
327	begegnen	*vi.* (*s.*)	(*jm.* / *et*^{3}. ～に) 出会う

Nr.	Vokabeln		Japanisch
328	gleich	adv. / adj.	すぐに，ただちに；同じ，等しい
329	Unfall, der	m. –(e)s / Unfälle	事故
330	fleißig	adj.	勤勉な，熱心な
331	faul	adj.	怠惰な；腐った
332	Schauspieler, der	m. –s / –	（男の）俳優
333	Tante, die	f. – / –n	おば
334	Sohn, der	m. –(e)s / Söhne	息子
335	Tochter, die	f. – / Töchter	娘
336	vorgestern	adv.	一昨日
337	übermorgen	adv.	明後日
338	gerade	adv. / adj.	たった今，ちょうど；真っ直ぐの
339	ab|fahren	vi. (s.) abfahren – fuhr ... ab – abgefahren	出発する，発車する
340	antworten	vi. (h.)	(jm. / auf et⁴. ～に) 答える
341	beginnen	vt. / vi. (h.) beginnen –begann – begonnen	始める；始まる
342	bilden	vt.	形成する；教育する
343	bringen	vt. bringen – brachte – gebracht	もたらす，もって来る
344	danken	vi. (h.)	(jm. für et⁴. ～に ... のことで) 感謝する
345	denken	vt. / vi. (h.) denken – dachte – gedacht	考える；(an jn./et⁴. ～のことを) 思う
346	erklären	vt.	説明する
347	erwarten	vt.	期待する，予期する
348	erzählen	vt.	語る，話す
349	telefonieren	vi. (h.)	電話する，(mit jm. ～と) 電話で話す
350	Minute, die	f. – / –n	1分

m. 男性名詞　　*f.* 女性名詞　　*n.* 中性名詞　　–(e)s / –e 単数2格 / 複数1格
sg. 単数　　*pl.* 複数　　*vt.* 他動詞　　*vi.* 自動詞　　(*h.*) haben 支配　　(*s.*) sein 支配
vr. 再帰動詞　　heißen – hieß – geheißen 不定形 – 過去基本形 – 過去分詞　　*adj.* 形容詞
adv. 副詞　　*konj.* 接続詞　　*präp.* 前置詞　　*pron.* 代名詞

Lektion 9　形容詞の変化

Schlüsselsätze

9-1. **Er hatte ein kurzes Leben.**
　　彼は短い生涯を送った.
9-2. **Dunkles Bier schmeckt mir sehr gut.**
　　黒ビールはとてもおいしい.
9-3. **In wenigen Tagen haben die Deutschen so viel Geld verdient.**
　　わずか数日でドイツ人たちはこんなにお金を稼いだ.
9-4. **Am 21. August feierte mein Großvater seinen 60. Geburtstag.**
　　8月21日に祖父は60歳の誕生日を祝った.
9-5. **Sie musste vor 300 eingeladenen Gästen sprechen.**
　　彼女は300人の招待客を前に話さなければならなかった.

9.1　形容詞の変化

　ドイツ語の形容詞は，次の3つの用法をもっています．まず (1) 主語や目的語の性質・状態を述べる**述語的用法**．これは英文法などで習うSVCやSVOCのC（補語）に相当するものと言えるでしょう．次に (2) 名詞の前に添えて直接修飾する**付加語的用法**，最後に (3) 動詞や他の形容詞を修飾する**副詞的用法**です．kurz（短い）という形容詞の例で見てみましょう．

　　(1) Das Leben ist *kurz*.　人生は短い.　（述語的用法）
　　(2) Er hatte ein *kurzes* Leben.　彼は短い生涯を送った.
　　　　　　　　　　　　　　　　　（付加語的用法→9.2を参照）
　　(3) Das Glück dauerte nur *kurz*.　幸せは短い間しか続かなかった.
　　　　　　　　　　　　　　　　　（副詞的用法）

　英語の場合，形容詞をそのまま副詞として使うことはできず，–*ly* などの語尾をつけて品詞を変えなければなりません．これに対してドイツ語では，一般に，形容詞はそのままの形で**副詞**として使うことができます．

問題は（2）の付加語的用法です．英語なら *Life is short.* という時も，*He had a short life.* という時も，形容詞 *short* そのものは同じ形です．ところが，上の例文を見ると ein *kurzes* Leben というように，kurz の後に –es という語尾がついています．つまり，ドイツ語の形容詞は，**付加語的用法で語尾変化する**のです．

9.2　3つのパターン

付加語的用法，つまり，後に続く名詞を直接修飾する場合，形容詞は，その**名詞の性・数・格にしたがって語尾変化**します．この意味では，冠詞（定冠詞・不定冠詞）や冠詞類（DIESER 型・MEIN 型）と同じような機能をもつと言えます．

ここでまず，Lektion 3 と Lektion 4 で学んだ冠詞（類）の変化を確認しておきましょう：

① 定冠詞

	m.	*f.*	*n.*	*pl.*
1格	der	die	das	die
2格	des	der	des	der
3格	dem	der	dem	den
4格	den	die	das	die

② DIESER型（定冠詞類）

	m.	*f.*	*n.*	*pl.*
1格	dies*er*	dies*e*	dies*es*	dies*e*
2格	dies*es*	dies*er*	dies*es*	dies*er*
3格	dies*em*	dies*er*	dies*em*	dies*en*
4格	dies*en*	dies*e*	dies*es*	dies*e*

③ 不定冠詞

	m.	*f.*	*n.*	*pl.*
1格	ein	ein*e*	ein	—
2格	ein*es*	ein*er*	ein*es*	—
3格	ein*em*	ein*er*	ein*em*	—
4格	ein*en*	ein*e*	ein	—

④ MEIN型（不定冠詞類）

	m.	*f.*	*n.*	*pl.*
1格	mein	mein*e*	mein	mein*e*
2格	mein*es*	mein*er*	mein*es*	mein*er*
3格	mein*em*	mein*er*	mein*em*	mein*en*
4格	mein*en*	mein*e*	mein	mein*e*

そもそも冠詞（類）の語尾変化は，名詞の性・数・格を表示するという役割を担っています．だから，名詞を修飾する形容詞の語尾変化は，i) 形容詞だけでなく冠詞（類）が名詞につく場合と，ii) 形容詞だけが名詞を修飾している場合とで，重要度が異なります．ii) の場合，形容詞の語尾変化が冠詞（類）の機能を代理しなければならないからです．

Lektion 9　形容詞の変化

4つの表を見比べて思い出してほしいのですが，② DIESER 型（定冠詞類）は ① 定冠詞とほとんど同じで，④ MEIN 型（不定冠詞類）は複数の有無を除き ③ 不定冠詞とまったく同じです（①≒②，③≒④）．
　また，③，④とも，DIESER 型と語尾がほとんど同じなのですが，灰色でマークした 3 ヶ所だけは，男性単数 1 格と中性単数 1・4 格に特徴的な –er や –es という語尾が欠けています．そこで，形容詞の前に③か④が来る場合，この 3 ヶ所だけは形容詞が性・数・格の表示を引き受ける必要が出てきます．

　このため，形容詞の前に来る冠詞（類）によって語尾変化に 3 つのパターンが生じてきます：

　　（A）冠詞（類）なし + 形容詞 + 名詞　→　強語尾　［≒ DIESER 型］
　　（B）定冠詞（類）+ 形容詞 + 名詞　　→　弱語尾
　　（C）不定冠詞（類）+ 形容詞 + 名詞　→　混合語尾［=（A）+（B）の混合］

　（A）の場合，形容詞が単独で名詞を修飾するため，形容詞が DIESER 型と同じくらい強い語尾変化を示します（5 種類）．
　（B）の場合，形容詞は 2 種類だけの弱い語尾変化となります．
　（C）の場合，基本は（B）と同じ変化で，上に述べた 3 ヶ所だけ（A）と同じ変化になります（4 種類）．

　実際の語尾変化の様子を見てみましょう．

(A) 強語尾

	m.		*f.*		*n.*		*pl.*	
1 格	gut*er*	Wein	gut*e*	Milch	kalt*es*	Wasser	alt*e*	Bücher
2 格	gut*en**	Wein(e)s	gut*er*	Milch	kalt*en**	Wassers	alt*er*	Bücher
3 格	gut*em*	Wein(e)	gut*er*	Milch	kalt*em*	Wasser	alt*en*	Büchern
4 格	gut*en*	Wein	gut*e*	Milch	kalt*es*	Wasser	alt*e*	Bücher
	（おいしいワイン）		（おいしいミルク）		（冷たい水）		（古い本）	

　　＊の 2 箇所で –en となるほかは，DIESER 型（②）と同じ

(B) 弱語尾

	m.	f.	n.	pl.
1格	der alte* Mann	die alte* Frau	das alte* Haus	die alten Bücher
2格	des alten Mannes	der alten Frau	des alten Hauses	der alten Bücher
3格	dem alten Mann(e)	der alten Frau	dem alten Haus(e)	den alten Büchern
4格	den alten Mann	die alte* Frau	das alte* Haus	die alten Bücher
	（その年取った男）	（その年取った女）	（その古い家）	（それらの古い本）

* の 5 箇所だけ –e となる．それ以外はすべて –en

(C) 混合語尾

	m.	f.	n.	pl.
1格	ein_ alter* Mann	eine alte Frau	ein_ altes* Haus	meine alten Bücher
2格	eines alten Mannes	einer alten Frau	eines alten Hauses	meiner alten Bücher
3格	einem alten Mann(e)	einer alten Frau	einem alten Haus(e)	meinen alten Büchern
4格	einen alten Mann	eine alte Frau	ein_ altes* Haus	meine alten Bücher
	（一人の年取った男）	（一人の年取った女）	（一軒の古い家）	（私の古い本）

ほとんど弱語尾（B）と同じ．不定冠詞（類）が無語尾となる＊の3箇所だけは，強語尾（A）と同じ

強語尾は②の DIESER 型をもとに作れるので，あらためて覚える必要はありませんが，弱語尾は形容詞独特の変化なので，語尾が –e になる 5 ヶ所の位置を覚えておくのがよいでしょう（ひらがなの「つ」の字に似ています）．

◇ 口調上の調整

動詞の語尾変化と同じように，形容詞の語尾変化でも口調上の調整が起こります．

1) –el で終わる形容詞：後ろに語尾がつくと，必ず語幹の e が脱落します．
〈例〉dunkel（暗い）
　　　die dunkle Farbe（その暗い色） ＊ dunkele とはならない

e が脱落するのは，アクセントのない e が連続することを避けるためです（p. 13 参照）．

Lektion 9　形容詞の変化

2) –er や –en で終わる形容詞も，語幹の e を省くことがあります．
〈例〉teuer（高価な）　　　　teu[e]re Bücher（高価な本）
　　 zufrieden（満足した）　　zufried[e]ne Gäste（満足した客たち）

–er で終わる形容詞は，語尾が –en や –em の場合，語尾中の e を脱落させることもあります．

〈例〉teuer（高価な）
　　 die teu[e]ren Bücher / die teuer[e]n Bücher（それらの高価な本）

なお，schwer[ʃveːr]のように e にアクセントがある場合，脱落は起こりません．

◇ **例外**

　hoch [hoːx]（高い）は例外的な形容詞で，付加語的用法では，語幹が hoh– [hoː]になります．

〈例〉Dieser Berg ist 800 Meter **hoch**.　　この山は 800 メートルの高さだ．
　　 dieser 800 Meter **hohe** [hóːə] Berg　　この標高 800 メートルの山

　また，viel や wenig などは，単数で用いられる場合，語尾をつけないのが普通です．

〈例〉Ich habe nicht so **viel** Geld.
　　 私はそんなにたくさんお金をもっていない．

9.3　形容詞の名詞的用法

　英語にも *the rich*（裕福な人々）のように，定冠詞＋形容詞の後の名詞がないのに名詞的意味をもつ用法が見られます．ただ，原則として定冠詞がつき，複数の人間を指すという制限があります．ドイツ語にも同じように，形容詞の後の名詞をつけずに，意味としては名詞的に使う用法があります．この場合，形容詞は必ず大文字で書きます．一般に，男性と女性単数および複数で「人」を意味し，中性単数では「物・事柄」を意味します．英語とは違い，定冠詞以外の不定冠詞などがつくことも，冠詞なしで用いられる場合もあります．

定冠詞を使った例（弱語尾）

	m. (病気の男)		f. (病気の女)		pl. (病気の人々)	
1格	der	Kranke	die	Kranke	die	Kranken
2格	des	Kranken	der	Kranken	der	Kranken
3格	dem	Kranken	der	Kranken	den	Kranken
4格	den	Kranken	die	Kranke	die	Kranken

	n. (善)	
1格	das	Gute
2格	des	Guten
3格	dem	Guten
4格	das	Gute

また，言語名も中性単数で表されます．

〈例〉Man hat diesen Roman vom **Französischen** ins **Deutsche** übersetzt.
この小説はフランス語からドイツ語に翻訳された．

9.4　数：序数

　基数については Lektion 3 で学びました（3.5 参照）．基数のほか，英語の *first*, *second*, *third* … などにあたる序数があります．いくつか例外的な形もありますが，1 〜 19 までは「基数 + t」が基本です．20 〜 99 までの基数は「1 の位 + und + 10 の位」になるので，10 の位だけ「基数 + st」に変化させます．100 や 1000 の倍数でも –st をつけて序数を作るので，20 以上は「基数 + st」と考えればよいでしょう．
　序数を数字で示す場合，英語では –*th* とか –*st* のようなつづりをつけますが，ドイツ語ではピリオドをつけて表わします．

1. **erst**	11. elft	21. einundzwanzig**st**	10. zehnt
2. zw**eit**	12. zwölft	22. zweiundzwanzig**st**	20. zwanzig**st**
3. **dritt**	13. dreizehnt	23. dreiundzwanzig**st**	30. dreißig**st**
4. viert	14. vierzehnt	24. vierundzwanzig**st**	40. vierzig**st**
5. fünft	15. fünfzehnt	25. fünfundzwanzig**st**	50. fünfzig**st**
6. sechst	16. sechzehnt	26. sechsundzwanzig**st**	60. sechzig**st**
7. sieb[en]t	17. siebzehnt	27. siebenundzwanzig**st**	70. siebzig**st**
8. **acht**	18. achtzehnt	28. achtundzwanzig**st**	80. achtzig**st**
9. neunt	19. neunzehnt	29. neunundzwanzig**st**	90. neunzig**st**
10. zehnt	20. zwanzig**st**	30. dreißig**st**	

31. einunddreißig**st**
57. siebenundfünfzig**st**
84. vierundachtzig**st**

序数は，基本的に付加語的用法の形容詞として用いられます．また，順番を尋ねる疑問詞として wievielt を使います．

〈例〉meine erste Reise nach Frankreich　私の初めてのフランス旅行
der dritte Sonntag im Mai　5月の第3日曜日
Den wievielten haben wir heute?
今日は何日ですか（私たちは今日何番目の日をもっていますか）？

最後の例では，男性名詞 Tag が省略されています．この例のように，日付は男性単数に変化した序数で表わしますが，名詞は通常省略します．「～日に」という場合は，am ... (s)ten という形になります．

〈例〉Am 21. [einundzwanzigsten] August feierte mein Großvater seinen 60. [sechzigsten] Geburtstag.
8月21日に祖父は60歳の誕生日を祝った．

9.5　分詞の用法

ドイツ語には動詞から作られる3種類の分詞（現在分詞・過去分詞・未来分詞）

があります．このうち，過去分詞の作り方については 8.2 で学びました．

(a) 現在分詞：不定詞 + d（例外：sein → sei*e*nd, tun → tu*e*nd のみ）
意味：「～している」（能動・進行）

(b) 過去分詞：
意味：「～された」（受動・完了）
＊sein 支配の自動詞の場合，「～した」（能動・完了）の意味

(c) 未来分詞：zu + 現在分詞
意味：「～されるべき，～されうる」（受動・未来）

これらの分詞は，付加語的用法の形容詞として用いることもできます．述語的用法や副詞的用法は非常にまれです（未来分詞は付加語的用法しかありません）．

(a) 現在分詞
das schlafend*e* Kind（その）眠っている子供
　　　　　　（中性単数 1 格，schlafen 眠る + d → 眠っている）

(b) 過去分詞
die geplant*e* Reise（その）計画された旅行
　　　　　　（女性単数 1・4 格，planen 計画する → geplant 計画された）

＊sein 支配の自動詞の例：
das vergangen*e* Jahr 去年（＝過ぎ去った年）
　　　　　　（中性単数 1・4 格，vergehen 過ぎ去る → vergangen 過ぎ去った）

(c) 未来分詞
die zu lösend*en* Probleme（それらの）解かれるべき問題
　　　　　　（中性複数 1・4 格，lösen 解く → zu lösend 解かれるべき）

Übung 1 次の文を指示にしたがって置き換えなさい．
Er hatte ein kurzes Leben.（指定の主語＋目的語の組み合わせに置き換える）

das Mädchen, eine ziemlich tiefe Stimme （その女の子，かなり低い声）
　　　　　　　　　– *Das Mädchen hatte eine ziemlich tiefe Stimme.*
ich, keinen richtigen Tisch （私，まともな机・一つも ... ない）
　　　　　　　　　– *Ich hatte keinen richtigen Tisch.*
Sie, jene schlechten Zeiten （あなた，あのひどい時代）
　　　　　　　　　– *Sie hatten jene schlechten Zeiten.*
er, ein kurzes Leben （彼，短い生涯）
　　　　　　　　　– *Er hatte ein kurzes Leben.*

Übung 2 次の文を指示にしたがって置き換えなさい．
Dunkles Bier schmeckt mir sehr gut.（指定の主語に置き換える）

süße Kuchen 　（甘いケーキ *pl.*）
　　　　　　　　　– *Süße Kuchen schmecken* mir sehr gut.
schwarzer Tee （紅茶［黒いお茶］）
　　　　　　　　　– *Schwarzer Tee schmeckt* mir sehr gut.
frische Milch 　（新鮮な牛乳）
　　　　　　　　　– *Frische Milch schmeckt* mir sehr gut.
dunkles Bier 　（黒ビール）
　　　　　　　　　– *Dunkles Bier schmeckt* mir sehr gut.

Übung 3 次の文を指示にしたがって置き換えなさい.
In wenigen Tagen *haben* die Deutschen *so viel Geld verdient.*
（指定の不定詞句に置き換える）

so viel Altes zerstören
（こんな多くの古いものを破壊する）
－ In wenigen Tagen *haben* die Deutschen *so viel Altes zerstört.*
so viele Bücher kaufen
（こんなに本を買う）
－ In wenigen Tagen *haben* die Deutschen *so viele Bücher gekauft.*
(so viele Deutsche) zurückkommen (vi. (s.))
（[こんなに多くのドイツ人が] 帰ってくる）
－ In wenigen Tagen *sind so viele Deutsche zurückgekommen.*
so viel Geld verdienen
（こんなにお金を稼ぐ）
－ In wenigen Tagen *haben* die Deutschen *so viel Geld verdient.*

Übung 4 次の質問に，指定の日付を使って答えなさい．
Am wievielten hast du Geburtstag?（誕生日は何日？）

4月30日	－ Ich habe *am 30. April* Geburtstag.
11月16日	－ Ich habe *am 16. November* Geburtstag.
3月27日	－ Ich habe *am 27. März* Geburtstag.
7月9日	－ Ich habe *am 9. Juli* Geburtstag.

単語リスト

Nr.	Vokabeln		Japanisch
351	kurz	*adj.*	短い
352	lang	*adj.*	長い
353	Leben, das	*n.* –s / –	生活，人生；生命
354	dunkel	*adj.*	暗い
355	hell	*adj.*	明るい
356	Bier, das	*n.* –(e)s / (–e)	ビール
357	schmecken	*vi. (h.)*	(*jm.* ～にとって) おいしい；... の味がする
358	verdienen	*vt.*	稼ぐ
359	feiern	*vt.*	祝う
360	Großvater, der	*m.* –s / –väter	祖父
361	Großmutter, die	*f.* – / –mütter	祖母
362	Großeltern, die	*pl.*	祖父母
363	Geburtstag, der	*m.* –(e)s / –e	誕生日
364	Gast, der	*m.* –(e)s / Gäste	客
365	Glück, das	*n.* –(e)s / (–e)	運，幸運；幸福
366	glücklich	*adj.*	幸運な；幸せな
367	dauern	*vi. (h.)*	続く，持続する；時間がかかる
368	Wein, der	*m.* –(e)s / (–e)	ワイン
369	Milch, die	*f.* – /	牛乳，ミルク
370	Wasser, das	*n.* –s / (–)	水
371	kalt	*adj.*	冷たい，寒い
372	heiß	*adj.*	熱い，暑い
373	kühl	*adj.*	涼しい
374	warm	*adj.*	暖かい
375	Farbe, die	*f.* – / –n	色，色彩

Nr.	Vokabeln		Japanisch
376	teuer	adj.	高価な，高い
377	billig	adj.	安価な，安い
378	zufrieden	adj.	(mit et³./jm. ～に) 満足した
379	hoch	adj.	高い
380	tief	adj.	低い；深い
381	Berg, der	m. –(e)s / –e	山
382	Reise, die	f. – / –n	旅，旅行
383	Frankreich, das	n. –s /	フランス
384	wievielt	adj.	何番目の
385	planen	vt.	計画する
386	ziemlich	adv.	かなり，相当
387	Stimme, die	f. – / –n	声
388	richtig	adj.	正しい；まともな
389	schlecht	adj.	悪い
390	süß	adj.	甘い
391	Kuchen, der	m. –s / –	ケーキ
392	schwarz	adj.	黒い
393	weiß	adj.	白い
394	grün	adj.	緑の
395	rot	adj.	赤い
396	blau	adj.	青い
397	Tee, der	m. –s / (–s)	茶（特に紅茶）
398	frisch	adj.	新鮮な
399	deutsch	adj.	ドイツ（語・人）の
400	kaufen	vt.	買う

m. 男性名詞　　*f.* 女性名詞　　*n.* 中性名詞　　–(e)s / –e 単数 2 格 / 複数 1 格
sg. 単数　　*pl.* 複数　　*vt.* 他動詞　　*vi.* 自動詞　　(*h.*) haben 支配　　(*s.*) sein 支配
vr. 再帰動詞　　heißen – hieß – geheißen 不定詞 – 過去基本形 – 過去分詞　　*adj.* 形容詞
adv. 副詞　　*konj.* 接続詞　　*präp.* 前置詞　　*pron.* 代名詞
js. (= *jemandes*) 人の 2 格（誰かの）　　*jm.* (= *jemandem*) 人の 3 格（誰かに）
jn. (= *jemanden*) 人の 4 格（誰かを）　　*et.*² (= *etwas*) 物の 2 格（何かの）
*et.*³ 物の 3 格（何かに）　　*et.*⁴ 物の 4 格（何かを）

Lektion 10　再帰動詞・比較表現

Schlüsselsätze

10-1. **Ich interessiere mich nicht für klassische Musik.**
　　　クラシックには興味がありません．
10-2. **Sie duzen sich, obwohl sie sich eigentlich nicht sehr gut kennen.**
　　　実はお互いよく知らないけど，彼（女）らは du を使う．
10-3. **Die Straße war viel kürzer als ich mir vorgestellt hatte.**
　　　その通りは私が思っていたよりずっと短かった．
10-4. **Sie hat keine bessere Idee gehabt als diese.**
　　　彼女にはこれ以上にいい考えが浮かばなかった．
10-5. **Welchen Film findest du am interessantesten ?**
　　　どの映画が一番面白いと思う？

10.1　再帰動詞

　英語に *find oneself ...* という表現があります（... の部分は，状態などを表わす語句）．例えば，*He **found himself** in a dark forest.* だと，直訳すれば「彼は自分自身を暗い森の中で見つけた」ですが，要するに「彼は気がつくと暗い森の中にいた」という意味です．主語が *I, she, we, they* に変われば *himself* の部分はそれぞれ *myself, herself, ourselves, themselves* となります．
　ドイツ語にも同じような表現がたくさんあります．*myself, himself, herself, ourselves, themselves* などを *oneself* で代表させるのと同じように，ドイツ語では「自分自身」にあたる語をまとめて，sich という形で代表させます．*find oneself in a dark forest* に相当する不定詞句は，$sich^4$ in einem dunklen Wald *befinden* となります（sich が4格であることを表わすため，右肩に小さな数字で4と付けておきます）．この不定詞句から過去人称変化を作ると，次のようになります．

　　〈例〉$sich^4$ in einem dunklen Wald *befinden*
　　　　（自分自身を暗い森の中で見つける＝気がついたら暗い森の中にいる）

Ich *befand mich* in einem dunklen Wald.　　Wir *befanden uns* in einem dunklen Wald.
Du *befandest dich* in einem dunklen Wald.　Ihr *befandet euch* in einem dunklen Wald.
Er/Sie/Es *befand sich* in einem dunklen Wald.　Sie *befanden sich* in einem dunklen Wald.

主語が変わるのに応じて，動詞の語尾だけでなく sich⁴ の部分も mich，dich，sich, uns, euch, sich と変化しているのがわかります．この部分が**再帰代名詞**と呼ばれるものです．再帰代名詞には1格・2格の形がありません．また，3人称では単数・複数を通じてすべて sich の形になります．敬称の Sie も本をただせば3人称複数なので，同じ sich の形を使いますが，大文字ではなく小文字で書きます．再帰代名詞の変化を，4.5 で学習した人称代名詞の変化（p. 42）と比較してみてください：

再帰代名詞

		1人称	2人称	3人称 男性	3人称 女性	3人称 中性
単数	1格	—	—	—	—	—
	2格	—	—	—	—	—
	3格	*mir*	*dir*	sich	sich	sich
	4格	*mich*	*dich*	sich	sich	sich
複数	1格	—	—	—		
	2格	—	—	—		
	3格	*uns*	*euch*	sich (sich)		
	4格	*uns*	*euch*	sich (sich)		

1人称と2人称は，単数・複数ともに人称代名詞と同じ形になります（イタリックの部分）．つまり，3人称で sich という形になることさえわかっていれば，再帰代名詞を改めて覚えなおす必要はまったくないということです．また，3格と4格の形が異なるのは1人称単数（mir / mich）と2人称単数（dir / dich）だけで，後はすべて同じ形になります．

人称代名詞と再帰代名詞の形が似ているのはいいとしても，逆にまぎらわしいと感じられるかもしれません．そもそも，この2つはどう異なるのでしょうか．ちょっと物騒な例ですが，um|bringen（殺す）という動詞で説明しましょう．

〈例〉Daniel brachte *ihn* um.（ダニエルは彼を殺した）
　　　　　　　　　　ihn はダニエル（＝主語）以外の誰かを指す
　　　Daniel brachte *sich* um.（ダニエルは自殺した）
　　　　　　　　　　sich はダニエル（＝主語）自身を指す

　2つの例文からわかるように，再帰代名詞は「主語と同じヒト・モノを指す代名詞」だと言えます．主語が1人称や2人称のときに普通の人称代名詞と同じ形になる理由も，ここから推測できるでしょう．例えば，主語が私 ich なら，再帰代名詞（主語と同じヒトを指す代名詞）も同じ「私」を指示するので，3格なら mir，4格なら mich とならざるをえないのです．

　再帰代名詞は「自分自身」の意味で使われますが，なかば熟語的に特定の動詞と結びついて使われる場合を，**再帰動詞**と呼びます．代表的な例をあげておきましょう：

　　　sich[4] beeilen　　　　急ぐ　　　　　　　（＝自分自身を急がせる）
　　　sich[4] erkälten　　　　風邪をひく　　　　（＝自分自身に風邪をひかせる）
　　　sich[4] legen　　　　　横になる，寝そべる（＝自分自身を横たえる）
　　　sich[4] setzen　　　　 座る，席につく　　（＝自分自身を座らせる）
　　　sich[4] um|bringen　　 自殺する　　　　　（＝自分自身を殺す）
　　　sich[4] *jm.* vor|stellen　～に自己紹介する（＝自分自身を～に紹介する）

　再帰動詞には，特定の前置詞句と一緒に使われるものもあります．前置詞句までまとめて覚えてください．

　　　sich[4] an *et*[4]. erinnern　　　～のことを思い出す（＝自分自身に～のことを思い出させる）
　　　sich[4] auf *et*[4]. freuen　　　 ～を楽しみにする（＝自分自身を～に向けて喜ばせる）
　　　sich[4] über *et*[4]. freuen　　 ～を喜ぶ（＝自分自身を～に関して喜ばせる）
　　　sich[4] für *et*[4]. interessieren　～に興味がある（＝自分自身に～への興味をもたせる）
　　　sich[4] um *jn.*/*et*[4]. kümmern　～の面倒を見る（＝自分自身に～のことで心配をかける）

　不定詞句から文を作る手順もこれまで見てきたのと同じですが，再帰代名詞は不定詞句の先頭に来るため，定動詞が第2位にある場合は再帰代名詞が定動詞のすぐ後に置かれるのが普通の語順となります．

〈例〉 sich⁴ nicht für klassische Musik *interessieren*
　　　クラシックに興味がない
　　→ Ich *interessiere mich* nicht für klassische Musik.
　　　私はクラシックに興味がない．

再帰代名詞が3格になるものもあります：

〈例〉 sich³ *et*⁴. vor|stellen　～を思い浮かべる（＝自分自身に対して～を呈示する）
　　　sich³ *et*⁴. kaufen　～を買う（＝自分自身のために～を買う）
　　　sich³ die Hände waschen　手を洗う（＝自分自身のために[自分の]手を洗う）
　　→ *Wasch dir* erst die Hände!　まず手を洗いなさい！

複数形の主語のときには，「お互いに～し合う」という**相互的用法**になる場合があります．

〈例〉 sich⁴ duzen　　互いに du で呼び合う
　　→ Wollen wir *uns duzen*?　お互いに du で呼び合うことにしようか？

　　　sich³ helfen　　互いに助け合う
　　→ Sie *haben sich* immer *geholfen*.　彼らはいつも助け合った．

最後の例に見られるように，再帰動詞は **haben** を使って**完了時制**を作ります（8. 5参照）．
また，結果や方向を表わす語句と用いられる次のような用法もあります．

〈例〉 sich⁴ *tot* lachen　～死ぬほど笑う　（＝自分自身を死なせるほど笑う）
　　→ Darüber haben wir uns *tot* gelacht.
　　　私たちはそのことで死ぬほど笑った．

　　　sich⁴ *auf den ersten Platz* arbeiten　努力して1位になる
　　　　　　　　　　　　　　　　　（＝自分自身を1位にするまで努力する）
　　→ Er arbeitete sich endlich *auf den 1. Platz*.
　　　彼は努力してついに1位になった．

もう1つ熟語として重要なのが，**sich**[4] **+ 不定詞 + lassen** です．直訳すると「自分自身を～させる」ということですが，「～されうる」という受身の意味で使われます（cf. Lektion 7, p. 80; Lektion 11）．

〈例〉 sich[4] leicht lösen lassen　　容易に解決されうる
　　　　　　　　　　　　　　　　　　　（＝自分自身を容易に解決させる）
　→ Dieses Problem *lässt sich* leicht *lösen.*
　　この問題は容易に解決されうる．

10.2　比較表現

英語と同じように，ドイツ語の形容詞や副詞にも**原級 - 比較級 - 最上級**の変化があります．比較級と最上級につける語尾も，英語と非常によく似ています．ただし，語幹に a, o, u を含む1音節語の場合，母音が**ウムラウト**になります（cf. old – older/elder – oldest/eldest）．また，10.3 以下で説明するとおり，付加語的用法の場合，この後さらに Lektion 9 で学んだ語尾がつきます．

	原級	比較級	最上級
	–	–er	–(e)st
速い	schnell	schnell**er**	schnell**st**
遠い	weit	weit**er**	weit**est**
若い	jung	jüng**er**	jüng**st**
古い	alt	ält**er**	ält**est**

最上級の語尾は原則として –st ですが，語幹が –d, –t, –s, –ss, –ß などで終わる場合には –est がつきます（両方の形をもつものもあります）．これも口調上の調整の1つと考えてよいでしょう．

このほかに，不規則な変化をするものがあります．

（形容詞）

	原級	比較級	最上級
大きい	groß [groːs]	**größer** [gréːsər]	**größt** [grøːst]
高い	hoch [hoːx]	**höher** [hǿːər]	**höchst** [høːçst]
近い	nah [naː]	**näher** [nɛ́ːər]	**nächst** [nɛːçst]
良い	gut	**besser**	**best**
多い	viel	**mehr**	**meist**
少ない	wenig	**weniger** / **minder**	**wenigst** / **mindest**

（副詞）

	原級	比較級	最上級
好んで	gern	**lieber** [líːbər]	**am liebsten** [am líːpstən]
まもなく	bald	**eher** [éːər]	**am ehesten** [am éːəstən]

副詞の最上級は am –sten という形になっていますが，これについては 10.5 で説明します．

10.3　A＞B型・A＜B型

比較級は「A は B より～だ」という意味で使います（A＞B型）．比較の対象は英語だと *than* で表わしますが，ドイツ語では als で表わします：

A＞B型： 比較級 als ...

ただし，als が「～として」の意味で使われる場合は denn で代用します．また，比較級の強調は sehr でなく viel（または weit）を用います．

〈例〉Michael ist *viel größer als* ich.
　　　ミヒャエルは私よりずっと背が高い．
　　　　　　　　　　　　　　（述語的用法，cf. Schlüsselsatz 10-3）
　　（cf. Sie ist als Schriftstellerin *bekannter denn* als Schauspielerin.
　　　彼女は女優というより作家としてよく知られている）

> Julia läuft *schneller als* du.
> ユーリアは君より速く走る．（副詞的用法）
> Ich trinke *lieber* Kaffee *als* Tee.
> 私は紅茶よりコーヒーが飲みたい．（副詞の比較級）

　副詞的用法には，単独でよく使われる früher（以前は），später（後で），weiter（さらに）などもあります．

　比較級の形容詞がすぐ後の名詞を直接修飾する場合，つまり，**付加語的用法**（9．1 参照）の場合，比較級の語尾に続けてさらに性・数・格を表わす語尾がつきます．形容詞の前にある冠詞類に応じて，強語尾・弱語尾・混合語尾をとります（9．2 参照）．ただし，viel や wenig の比較級は通常語尾をつけずに使います（cf. Lektion 9, p. 110)．

> 〈例〉Heute haben wir *schöneres* Wetter *als* gestern.
> 　　今日は昨日より天気がいい．（強語尾）
> Kaufen wir uns das *billigere* Auto!
> 　　安いほうの車を買おう．（弱語尾）
> Sie hat keine *bessere* Idee gehabt *als* diese.
> 　　彼女にはこれ以上いい考えが浮かばなかった．（混合語尾）
> Ihr müsst noch *mehr* Geld verdienen *als* wir.
> 　　君たちは私たちよりもさらにたくさんお金を稼いでいるはずだ．（無語尾）

　最後の 2 例からもわかるように，比較の対象を表わす als ... は，話法の助動詞・副文・完了時制などによる**枠構造の外側**に置かれるのが普通です（Ihr müsst noch *mehr* Geld *als* wir verdienen. とはならない．枠構造については，4．2, 6．2, 8．4 参照）．

　同じ比較級でも「A は B ほど～でない」（A＜B型）という場合は，wenig の比較級 weniger を用います（英語の *less* を参照）：

　A＜B型： weniger 原級 als ...

　なお，付加語的用法の場合は，原級の部分だけに語尾をつけます．

〈例〉Ich finde München *weniger interessant als* Berlin.
　　　ミュンヘンはベルリンほど面白くないと思う．
　　　München ist eine *weniger interessante* Stadt *als* Berlin.
　　　ミュンヘンはベルリンほど面白くない町だ．（付加語的用法）

◇ 比較級を使ったその他の表現

英語の「*the* 比較級 ... , *the* 比較級 ...」の構文のように，ドイツ語でも「**je** 比較級 ... , **desto** 比較級 ...」の形で「～であればあるほど…」という意味になります．desto の代わりに umso を用いることもあります．

〈例〉*Je früher* wir damit <u>anfangen</u>, *desto [umso] leichter* <u>wird</u> unsere Arbeit.
　　　早く始めれば始めるほど，仕事は楽になる．

je は従属接続詞の1つなので，je 比較級で始まる節は副文になります（6.1参照）．desto [umso] 比較級が主文となるので，動詞の位置に注意してください．

また，「ますます～」は「**immer** 比較級」で表します（英語の「比較級 *and* 比較級」を参照）．

10.4　A＝B型

A＞BでもA＜Bでもなく，A＝Bという場合は，原級を使って表わします（英語の *as* ... *as* ... を参照）：

A＝B型：　so 原級 wie ...

比較の対象が als ではなく wie を使って表わされることに注意してください．

〈例〉Michael ist etwa *so groß wie* ich.
　　　ミヒャエルはだいたい私と同じくらいの背の高さだ．

最初の so の代わりに ebenso や genauso を用いることもあります．なお，「so 原級 wie ...」の否定形はA＜B型と同じ意味になり，実際にはこちらのほうがむしろよく使われます．

〈例〉Ich finde München *nicht so interessant wie* Berlin.
ミュンヘンはベルリンほど面白くないと思う．
München ist eine *nicht so interessante* Stadt *wie* Berlin.
ミュンヘンはベルリンほど面白くない町だ．（付加語的用法）

10.5 最上級

最上級は，定冠詞とともに付加語的用法で使うのが一般的です．

〈例〉Tokio ist *die größte Stadt* Japans.　　東京は日本で一番大きな都市だ．
Sie wohnt in *dem schönsten Haus* in dieser Straße.
彼女はこの通りで一番きれいな家に住んでいる．

これに対して，述語的用法・副詞的用法に当たるものが，**am –sten** という形で，副詞の最上級はこの形でしか使いません．本をただせばこれも一種の付加語的用法（an dem の後の最上級に –en という語尾がついている）なのですが，am –sten は変化形の1つのようによく使われます．

〈例〉Welchen Film findest du *am interessantesten*?
どの映画が一番面白いと思う？

いずれにしても，最上級を語尾変化しない形で使うことはまずありません．ただし例外として，慣用的に単独で使う最上級があります．höchst（きわめて），möglichst（可能なかぎり，できるだけ）などを覚えておくとよいでしょう．ちょっと変り種の –ens で終わる形もいくつかあります．meistens（たいてい），höchstens（せいぜい），wenigstens（少なくとも）などです．

Übung 1　次の文を指示にしたがって置き換えなさい．
Ich interessiere mich nicht für *klassische Musik.*
　　　　　　　　　（指定の主語＋興味の対象の組み合わせに置き換える）

　　Katja, die russische Literatur　（カーティア，ロシア文学）
　　　　　－ *Katja interessiert sich* nicht für *die russische Literatur.*
　　wir, Fußball　（私たち，サッカー）
　　　　　－ *Wir interessieren uns* nicht für *Fußball.*
　　meine Eltern, Politik　（私の両親，政治）
　　　　　－ *Meine Eltern interessieren sich* nicht für *Politik.*
　　ihr, viel Geld zu verdienen　（君たち，大金を稼ぐこと）
　　　　　－ *Ihr interessiert euch* nicht *dafür, viel Geld zu verdienen.*
　　ich, klassische Musik　（私，クラシック）
　　　　　－ *Ich interessiere mich* nicht für *klassische Musik.*

Übung 2　指示にしたがって文を書き換えなさい．
Die Straße war viel kürzer als ich mir vorgestellt hatte.
（「とても…」という文を「私が思っていたよりずっと…」という文に書き換える）

　　Seine Eltern waren *sehr alt.*　（彼の両親はとても年をとっていた）
　　　　　－ Seine Eltern waren *viel älter als ich mir vorgestellt hatte.*
　　Sie hat *sehr schön* gesungen.　（彼女はとても美しく歌った）
　　　　　－ Sie hat *viel schöner* gesungen *als ich mir vorgestellt hatte.*
　　Er hatte *sehr viel Geld.*　（彼はとても金持ちだった）
　　　　　－ Er hatte *viel mehr Geld als ich mir vorgestellt hatte.*
　　Die Straße war *sehr kurz.*　（その通りはとても短かった）
　　　　　－ Die Straße war *viel kürzer als ich mir vorgestellt hatte.*

Übung 3　次の文を指示にしたがって置き換えなさい．
Sie hat *keine bessere Idee gehabt als diese.*
（指定の形容詞＋名詞の組み合わせに置き換える）

hoch, Ziel（高い，目標）
　　　　－ Sie hat *kein höheres Ziel gehabt als dieses.*
groß, Baum（大きい，木）
　　　　－ Sie hat *keinen größeren Baum gehabt als diesen.*
teuer, Kleid（高価な，ドレス）
　　　　－ Sie hat *kein teu(e)reres Kleid gehabt als dieses.*
gut, Idee（いい，アイディア）
　　　　－ Sie hat *keine bessere Idee gehabt als diese.*

Übung 4　次の文を指示にしたがって置き換えなさい．
Welchen Film findest du *am interessantesten?*
（指定の目的語＋形容詞の組み合わせに置き換える）

Auto, gut　（車，いい）
　　　　－ *Welches Auto* findest du *am besten?*
Student, fleißig　（大学生，真面目な）
　　　　－ *Welchen Studenten* findest du *am fleißigsten?*
Musik, schön　（音楽，美しい）
　　　　－ *Welche Musik* findest du *am schönsten?*
Film, interessant　（映画，面白い）
　　　　－ *Welchen Film* findest du *am interessantesten?*

単語リスト

Nr.	Vokabeln		Japanisch
401	sich	pron.	自分自身に・を
402	sich⁴ interessieren	vr.	(für et⁴. ～に) 興味がある
403	klassisch	adj.	古典的な，クラシックの
404	Musik, die	f. – / (–en)	音楽
405	duzen	vt.	(jn. ～に)duを使って話しかける
406	siezen	vt.	(jn. ～に)Sieを使って話しかける
407	eigentlich	adv.	本来は，実は；結局
408	Straße, die	f. – / –n	道路，（大）通り
409	Idee, die	f. – / –n	アイディア，考え
410	Film, der	m. –(e)s / –e	映画
411	interessant	adj.	面白い，興味深い
412	Wald, der	m. –(e)s / Wälder	森
413	um|bringen	vt. umbringen – brachte ... um – umgebracht	殺す；(sich⁴) 自殺する
414	sich⁴ beeilen	vr.	急ぐ
415	sich⁴ erkälten	vr.	風邪をひく
416	legen	vt.	横たえる，寝かす，置く
417	liegen	vi. (h.) liegen – lag – gelegen	横たわっている，寝ている，置いてある
418	sich⁴ erinnern	vr.	(an jn. / et⁴. ～を) 思い出す
419	sich⁴ freuen	vr.	(auf et⁴. ～を) 楽しみにする；(über et⁴. ～を) 喜ぶ
420	sich⁴ kümmern	vr.	(um et⁴. ～の) 面倒を見る
421	Hand, die	f. – / Hände	手
422	Fuß, der	m. –es / Füße	足
423	waschen	vt. waschen – wusch – gewaschen	洗う
424	lachen	vi. (h.)	笑う
425	tot	adj.	死んだ
426	Platz, der	m. –es / Plätze	場所；座席；順位，～位
427	endlich	adv.	ついに，とうとう
428	schnell	adj.	速い

Lektion 10 再帰動詞・比較表現

Nr.	Vokabeln		Japanisch
429	weit	adj.	遠い；広い
430	groß	adj.	大きい
431	nah	adj.	近い
432	denn	konj.	というのも，なぜなら；～より（alsの代用）
433	bekannt	adj.	有名な，知られている
434	Schriftstellerin, die	f. – / –nen	（女の）作家，文筆家
435	Schriftsteller, der	m. –s / –	（男の）作家，文筆家
436	Arbeit, die	f. – / –en	労働，仕事；勉強
437	je	konj. / adv.	（比較級と）～であればあるほど；かつて，いつか
438	desto	adv.	（je 比較級と）その分いっそう，ますます
439	umso	adv.	（je 比較級と）その分いっそう，ますます
440	ebenso	adv.	（後続のwieと）...とちょうど同じくらい
441	genauso	adv.	（後続のwieと）...とちょうど同じくらい
442	wenigstens	adv.	少なくとも
443	meistens	adv.	たいてい
444	russisch	adj.	ロシア（語・人）の
445	Literatur, die	f. – / –en	文学
446	Fußball, der	m. –s / –bälle	（単数で）サッカー；サッカーボール
447	Politik, die	f. – / –en	政治，政策
448	Ziel, das	n. –(e)s / –e	目標，目的
449	Baum, der	m. –(e)s / Bäume	木，樹木
450	Kleid, das	n. –(e)s / –er	服；ワンピース，ドレス

m. 男性名詞　　*f.* 女性名詞　　*n.* 中性名詞　　—(e)s / –e 単数2格 / 複数1格
sg. 単数　　*pl.* 複数　　*vt.* 他動詞　　*vi.* 自動詞　　(*h.*) haben 支配　　(*s.*) sein 支配
vr. 再帰動詞　　heißen – hieß – geheißen 不定詞 – 過去基本形 – 過去分詞　　*adj.* 形容詞
adv. 副詞　　*konj.* 接続詞　　*präp.* 前置詞　　*pron.* 代名詞
js. (= *jemandes*) 人の2格（誰かの）　　*jm.* (= *jemandem*) 人の3格（誰かに）
jn. (= *jemanden*) 人の4格（誰かを）　　*et.*[2] (= *et*was) 物の2格（何かの）
et.[3] 物の3格（何かに）　　*et.*[4] 物の4格（何かを）

Lektion 11 受動態

Schlüsselsätze

11-1. Die Zeitung wird von vielen Deutschen gelesen.
その新聞は多くのドイツ人に読まれている.
11-2. Dieser Roman ist schon ins Japanische übersetzt worden.
この小説はもう日本語に翻訳された.
11-3. Bei uns wird abends am meisten ferngesehen.
私たちのところでは晩にテレビを見ることが一番多い.
11-4. Die Tür deines Zimmers war die ganze Zeit geöffnet.
君の部屋のドアはずっと開いたままだった.
11-5. In den letzten Wochen hat es kaum geregnet.
ここ数週間はほとんど雨が降らなかった.

11. 1　受動態

ドイツ語の受動態には，*be* 動詞にあたる sein ではなく，*become* にあたる werden が使われます（8. 1 参照．11. 4 で述べる状態受動を除く）．

〈例〉Viele Deutsche *lesen* die Zeitung.
多くのドイツ人がその新聞を**読んでいる**．（能動態）
Die Zeitung *wird* von vielen Deutschen *gelesen*.
その新聞は多くのドイツ人に**読まれている**．（受動態）

「A が B を～する」という能動態の文を「B は A に～される」という受動態の文に変える場合，およそ次のような関係が成り立ちます：

	能動態	受動態
行為の主体	viele Deutsche（1 格）	von vielen Deutschen（von + 3 格）
不定詞	lesen	gelesen werden（過去分詞 + werden）
行為の対象	die Zeitung（4 格）	die Zeitung（1 格）

行為の主体（＝「～する」ヒトやモノ）は，能動態だと1格の主語となりますが，受動態だと von + 3 格か durch + 4 格で表現されます．普通は，行為の主体がヒトの場合に von + 3 格，モノ・コトの場合に durch + 4 格を使いますが，この区別はそれほど厳密ではありません．そもそも受動態は「誰が（何が）～するか」に重点を置かない述べ方であるため，行為の主体を述べないことも多いのです．例えば，能動態の主語が man になる場合，受動態では行為の主体が省略されます．

〈例〉 <u>Man</u> *übersetzt* diesen Roman ins Japanische.
　　　人はこの小説を日本語に**翻訳する**．（能動態）
　　　Dieser Roman *wird* ins Japanische *übersetzt*.
　　　この小説は日本語に**翻訳される**．（受動態）

重要なのは，能動態の4格目的語（上例では *diesen* Roman）が受動態で1格の主語（上例では *dieser* Roman）に変わるという点，それ以外の要素（上例では ins Japanische）は影響を受けないという点，さらに，活用した werden と文末の過去分詞の間に，残りの要素がサンドイッチされるため，**枠構造**が作られるという点です（4. 2, 6. 1, 8. 4 参照）．

11. 2　受動態の各時制

能動態の場合と同様に，受動態にも6つの時制があります．まず6つの時制について復習しましょう（8. 2 参照）．

	単純時制	完了時制
現在	語幹＋現在人称変化語尾	haben / sein ［現在］ …… 過去分詞
過去	過去基本形＋過去人称変化語尾	haben / sein ［過去］ …… 過去分詞
未来	werden ［現在］ …… 不定詞	werden ［現在］ … 過去分詞＋haben / sein

受動態の不定詞は**過去分詞＋werden** の形になりますが，受動態の時制は werden の部分を変化させて作ります．

◇ 現在形・過去形

〈例〉übersetzt werden（翻訳される）
→ Dieser Roman wird jetzt ins Japanische übersetzt.
この小説はいま日本語に**翻訳されている**．（現在形）
→ Dieser Roman wurde schon ins Japanische übersetzt.
この小説はすでに日本語に**翻訳された**．（過去形）

◇ 未来形

未来形はややこしいことに，未来の助動詞 werden^1（英語 will）と受動態の助動詞 werden^2 という役割の違う2つの werden を組み合わせて作ります．未来形は「不定詞 + werden^1」なので，この「不定詞」の部分に，受動態の不定詞「過去分詞 + werden^2」を代入してやると3語からなる未来受動の不定詞（英語 will be + 過去分詞）ができます：

〈例〉übersetzt werden^2 werden^1（翻訳されるだろう）
→ Dieser Roman wird^1 bald ins Japanische übersetzt werden^2.
この小説はもうすぐ日本語に**翻訳されるだろう**．

ドイツ語では現在形が未来の意味をもつのでわざわざ未来形にしなくてもよいのですが（8.1参照），上と同じ要領で話法の助動詞と受動態の組み合わせが作れます．

〈例〉übersetzt werden müssen（翻訳されなければならない）
→ Dieser Roman muss sofort ins Japanische übersetzt werden.
この小説はただちに日本語に**翻訳されなければならない**．

◇ 現在完了・過去完了

次に完了時制を考えましょう．まず思い出さなければならないのは，完了時制を作る際，完了の助動詞として haben を使うか，sein を使うかが動詞によって決まっているという点です（8.5参照）．問題の werden は sein 支配の動詞なので，**受動態の完了でも sein が使われます**．次に，werden を「～になる」の意味で使う

場合は過去分詞が geworden になるのに対して，受動態の助動詞として使う場合，過去分詞は **worden** になる点に注意してください．

〈例〉Schauspielerin *geworden sein*（女優になった）
→ Sie *ist* wirklich Schauspielerin *geworden*.
この小説はすでに日本語に**翻訳された**．（現在完了）

übersetzt *worden sein*（翻訳された）
→ Dieser Roman *ist* schon ins Japanische übersetzt *worden*.
この小説はすでに日本語に**翻訳された**．（現在完了）
→ Dieser Roman *war* schon ins Japanische übersetzt *worden*.
この小説はすでに日本語に**翻訳されていた**．（過去完了）

◇ 未来完了

受動態の完了不定詞に未来の助動詞 werden[1] を足してやれば，未来完了ができます．

〈例〉übersetzt worden[2] sein *werden*[1]（翻訳されているだろう）
→ Dieser Roman *wird*[1] bis Ende März übersetzt worden[2] sein.
この小説は3月末には日本語に**翻訳されているだろう**．

ただし，能動態の場合と同様，未来完了という時制がそもそもあまり使われません（8.4 参照）．

11.3　自動詞と他動詞：主語なし受動文

能動態の4格目的語が，受動態では1格の主語に変わると書きましたが，ドイツ語には4格以外の目的語をとる動詞も存在します．例えば，3格目的語をとるものとしては，*jm.* gefallen（〜に気に入られる），*jm.* gehören（〜のものだ），*jm.* helfen（〜を助ける）などがあります．また，数はさほど多くないとはいえ，*et*[2]. bedürfen（〜を必要とする）のように2格目的語をとるものもあります（3.4 参照）．英語だと，目的語をとる動詞はすべて他動詞，それ以外をすべて自動詞と呼びますが，ドイツ語では，4格目的語をとる動詞=他動詞，それ以外=自動詞という区分

です（通常，再帰動詞は別のカテゴリーとして扱います）．

　英語との大きな違いは，ドイツ語では**自動詞も受動態を作ることができる**という点です．

〈例〉am Wochenende nicht *arbeiten*（週末に仕事をしない）
　　→ Man *arbeitet* am Wochenende nicht.
　　　週末は仕事をしない．（能動態）

　　am Wochenende nicht *gearbeitet werden*（週末に仕事をしない[仕事されない]）
　　→ <u>Es</u> *wird* am Wochenende nicht *gearbeitet*.
　　　週末は仕事をしない．（受動態）

　自動詞は4格目的語をとらないので，受動態にした場合，1格の主語がなくなります．しかし，定動詞第2位の原則（2.3参照）があるので，主文では定動詞の前に何か別の要素を置かないと文法的に正しい文になりません．そのため，形式上の主語として文頭に es を置くことがあります．あくまで形式上なので，他の要素が第1位に置かれれば es は省略され，結果的に主語のない受動文ができることになります．

　　→ <u>Am Wochenende</u> *wird* nicht *gearbeitet*.
　　　週末には仕事をしない．（主語なし受動文）

　このように主語がない場合でも，定動詞は単数形になります．もう1つ例を見ておきましょう．

〈例〉abends am meisten *fern|sehen*（晩に一番多くテレビを見る）
　　→ Wir *sehen* abends am meisten *fern*.
　　　私たち[のところで]は晩にテレビを見ることが一番多い．（能動態）
　　abends am meisten *ferngesehen werden*（晩に一番多くテレビが見られる）
　　→ Bei uns *wird* abends am meisten *ferngesehen*.
　　　私たちのところでは晩にテレビを見ることが一番多い．（受動態）

11.4 状態受動

受動態は「過去分詞 + werden（～される）」の形が普通ですが，「～された状態が続いている」という**状態受動**を表わすには「過去分詞 + sein」の形が用いられます．前者を状態受動と特に区別する場合は，**動作受動**といいます．

〈例〉geöffnet *werden*（開かれる［閉じていたものが］）
　→ Die Tür *wurde* langsam *geöffnet*.
　　ドアはゆっくりと**開かれた**．（動作受動）

　　geöffnet *sein*（開いている［開かれた状態が続いている］）
　→ Die Tür *war* die ganze Zeit *geöffnet*.
　　ドアはずっと**開いたままだった**．（状態受動）

状態受動の形は，誕生日を表す表現にも用いられます．

〈例〉geboren *sein*（生まれている）
　→ Ich *bin* am 16. Juli 1985 *geboren*.　私は1985年7月16日生まれだ．

ただし，故人の場合は動作受動の過去形で表します．

　　geboren *werden*（生まれる）
　→ Franz Kafka *wurde* am 3. Juli 1883 in Prag *geboren*.
　　フランツ・カフカは1883年7月3日プラハで生まれた．

◇ **その他の受身表現**

受動態以外にも「～される」という意味を含む，広義の受身表現があります．

(1) **sein + zu 不定詞**：～されうる；～されなければならない（7.2, p.80 参照）
　〈例〉Dieses Problem *ist* leicht *zu lösen*.　この問題は容易に解決されうる．
　　　Die Bücher *sind* sofort *zu bestellen*.
　　　それらの本はただちに注文されなければならない．

(2) **sich⁴ + 不定詞 + lassen**：～されうる（10. 1, p.122 参照）
   〈例〉Dieses Problem *lässt sich* leicht *lösen*.
   この問題は容易に解決されうる．

(3) **動詞の語幹 + bar**：～されうる（形容詞）
   〈例〉Dieses Problem ist leicht *lösbar*.　この問題は容易に解決されうる．

11. 5　非人称構文

英語の *It rains.* に見られるような非人称構文がドイツ語にもあります．もちろん主語には es を用います．主として，天候・日時・生理的感覚などを表します．

〈例〉*Es regnet* heute.　今日は雨が降っている．
   In den letzten Wochen *hat es* kaum *geregnet*.
   ここ数週間はほとんど雨が降らなかった．
   Wie spät *ist es* jetzt?　今何時ですか？（Lektion 4, Übung 5 参照）
   − *Es ist* halb vier.　3 時半です．
   （halb *n* で「(*n* − 1) 時半」の意味になる．ただし *n* は 12 以下）

このような非人称の es は，主語なし受動文（11. 3 参照）の場合と異なり，第 1 位に es 以外の要素が置かれる場合でも省略できません．ただし，生理的感覚などを表わす用法では es が脱落することがあります．

〈例〉*Es ist* mir kalt. = Mir *ist [es]* kalt.　　（私には）寒い．

◇ es のその他の形式的用法

Lektion 7 では，名詞的用法の zu 不定詞句を先取りして受ける用法を学びました（7. 1 参照）．その他にも重要なものとして次のような用法があります．

(1) **es gibt + 4 格**：～がある（Lektion 3 , Schlüsselsatz 3-4 参照）
   〈例〉*Es gibt* hier viele Autos.　ここにはたくさんの自動車がある．
   Am Donnerstag soll *es* eine Prüfung *geben*.
   木曜日は試験があるそうだ．

(2) **es geht *jm.*** : ～の調子は ... である
 〈例〉 Wie *geht es Ihnen*? お元気ですか？
  – Danke, *[es geht mir]* gut. ありがとう，元気です．

(3) **es handelt sich[4] (bei *et*[3].) um *et*[4].** : ～が問題である，（... は）～である
 〈例〉 *Bei* dieser Frau *handelt es sich um* eine berühmte Sängerin.
  この女性は［実は］有名な歌手なのだ．

(4) **es geht um *et*[4].** : ～が問題である，～の話である
 〈例〉 *Worum geht* es in dem Film?
  その映画はどういう話［その映画の中では何が問題になっているのか］？

Übung 1 能動態の文を受動態の文に書き換えなさい.

Viele Deutsche lesen die Zeitung.
多くのドイツ人がその新聞を読んでいる.
　　　　　– *Die Zeitung wird von vielen Deutschen gelesen.*
　　　　　　その新聞は多くのドイツ人に読まれている.
Du musst alle Fenster schließen.
君はすべての窓を閉めなければならない.
　　　　　– *Alle Fenster müssen geschlossen werden.*
　　　　　　すべての窓が閉められなければならない.
Man arbeitet hier auch am Wochenende.
ここは週末でも仕事をする.
　　　　　– *Hier wird auch am Wochenende gearbeitet.*
　　　　　　ここは週末でも仕事をする.
Michael schenkte ihr diese Blumen.
ミヒャエルが彼女にこれらの花を贈った.
　　　　　– *Diese Blumen wurden ihr von Michael geschenkt.*
　　　　　　これらの花はミヒャエルから彼女に贈られた.
Wie viele Gäste hat man zur Party eingeladen?
何人の客をパーティーに招待したのか？
　　　　　– *Wie viele Gäste sind zur Party eingeladen worden?*
　　　　　　何人の客がパーティーに招待されたのか？

Übung 2 過去形の受動文を現在完了形の受動文に書き換えなさい.

Dieser Roman *wurde* schon ins Japanische *übersetzt*.
この小説はすでに日本語に翻訳された.
　　　　　– Dieser Roman *ist* schon ins Japanische *übersetzt worden*.
Ich glaube, dass kein Fehler bisher *entdeckt wurde*.
これまで一つも間違いは見つかっていないと思う.
　　　　　– Ich glaube, dass kein Fehler bisher *entdeckt worden ist*.

Wurde die Kirche durch den Krieg *zerstört*?
教会は戦争で破壊されたのですか？
  – *Ist* die Kirche durch den Krieg *zerstört worden?*
Auch neue Lieder *wurden* von dem Sänger *gesungen.*
その歌手は新しい歌も歌った.
  – Auch neue Lieder *sind* von dem Sänger *gesungen worden.*

Übung 3 次の人物の生年月日を答えなさい.

Wann wurde Franz Kafka geboren?
フランツ・カフカはいつ生まれましたか？
  – *Er wurde am 3. Juli 1883 geboren.*
  彼は 1883 年 7 月 3 日に生まれました.
Wann wurde Ingrid Bergman geboren?
イングリッド・バーグマンはいつ生まれましたか？
  – *Sie wurde am 29. August 1915 geboren.*
  彼女は 1915 年 8 月 29 日に生まれました.
Wann wurde Marie Antoinette geboren?
マリー・アントワネットはいつ生まれましたか？
  – *Sie wurde am 2. November 1755 geboren.*
  彼女は 1755 年 11 月 2 日に生まれました.
Wann wurde Adolf Hitler geboren?
アドルフ・ヒトラーはいつ生まれましたか？
  – *Er wurde am 20. April 1889 geboren.*
  彼は 1889 年 4 月 20 日に生まれました.

Übung 4　日本語に合うドイツ語文を答えなさい．

ここ数週間ほとんど雨が降らなかった．
　　　　− In den letzten Wochen hat es kaum geregnet.
量よりもむしろ質のほうが問題だ．
　　　　− Es kommt weniger auf die Quantität als auf die Qualität an.
私は彼に，その物語は結局どういう話なのか尋ねた．
　　　　− Ich fragte ihn, worum es eigentlich in der Geschichte ging.
きっとまだ電車もバスもあるだろう．
　　　　− Es wird bestimmt noch Züge und Busse geben.
数日前から突然寒くなった．
　　　　− Seit einigen Tagen ist es plötzlich kalt geworden.

単語リスト

Nr.	Vokabeln		Japanisch
451	Zeitung, die	f. – / –en	新聞
452	abends	adv.	晩に，夜に
453	fern|sehen	vi. (h.) fernsehen – sah ... fern – ferngesehen	テレビを見る
454	Tür, die	f. – / –en	ドア
455	Zimmer, das	n. –s / –	部屋
456	ganz	adj. / adv.	全部の，完全な；全く，完全に
457	letzt	adj.	最後の；最近の
458	kaum	adv.	ほとんど〜ない
459	regnen	vi. (h.)	（非人称で）雨が降る
460	langsam	adj. / adv.	遅い，ゆっくりした；そろそろ
461	gebären	vt. gebären – gebar – geboren	産む，出産する
462	lösbar	adj.	解き得る，解決できる
463	halb	adj.	半分の；(halb n で)(n-1)時半
464	Prüfung, die	f. – / –en	試験，テスト
465	handeln	vi. (h.) / vr.	行動する；(es handelt sich[4] um et[4]．で) 〜が問題である
466	berühmt	adj.	有名な
467	Sängerin, die	f. – / –nen	（女の）歌手
468	Sänger, der	m. –s / –	（男の）歌手
469	Fenster, das	n. –s / –	窓
470	schenken	vt.	贈る，プレゼントする
471	Blume, die	f. – / –n	花
472	Fehler, der	m. –s / –	間違い，誤り
473	bisher	adv.	これまで，今まで
474	entdecken	vt.	発見する，見つける
475	Fernsehen, das	n. –s /	テレビ（放送）

Nr.	Vokabeln		Japanisch
476	Kirche, die	*f.* – / –n	教会
477	Krieg, der	*m.* –(e)s / –e	戦争
478	Lied, das	*n.* –(e)s / –er	歌
479	Quantität, die	*f.* – / –en	量
480	Qualität, die	*f.* – / –en	質
481	Geschichte, die	*f.* – / –n	歴史；物語
482	bestimmt	*adv.*	きっと
483	Zug, der	*m.* –(e)s / Züge	列車，電車
484	Bus, der	*m.* –ses / Busse	バス
485	einig	*adj.*	（複数形で）いくつかの
486	plötzlich	*adv.*	突然，不意に
487	gelb	*adj.*	黄色の
488	braun	*adj.*	茶色の
489	Januar, der	*m.* –(s) / –e	1月
490	Februar, der	*m.* –(s) / –e	2月
491	März, der	*m.* –(es) / –e	3月
492	April, der	*m.* –(s) / –e	4月
493	Mai, der	*m.* –([e]s) / –e	5月
494	Juni, der	*m.* –(s) / –s	6月
495	Juli, der	*m.* –(s) / –s	7月
496	August, der	*m.* –([e]s) / –e	8月
497	September, der	*m.* –(s) / –	9月
498	Oktober, der	*m.* –(s) / –	10月
499	November, der	*m.* –(s) / –	11月
500	Dezember, der	*m.* –(s) / –	12月

m. 男性名詞　　*f.* 女性名詞　　*n.* 中性名詞　　　–(e)s / –e 単数2格 / 複数1格
sg. 単数　　*pl.* 複数　　*vt.* 他動詞　　*vi.* 自動詞　　(*h.*) haben 支配　　(*s.*) sein 支配
vr. 再帰動詞　　heißen – hieß – geheißen 不定詞 – 過去基本形 – 過去分詞　　*adj.* 形容詞
adv. 副詞　　*konj.* 接続詞　　*präp.* 前置詞　　*pron.* 代名詞
js. (= *jemandes*) 人の2格（誰かの）　　　*jm.* (= *jemandem*) 人の3格（誰かに）
jn. (= *jemanden*) 人の4格（誰かを）　　　*et.*[2] (= *etwas*) 物の2格（何かの）
et.[3] 物の3格（何かに）　　*et.*[4] 物の4格（何かを）

Lektion 11　受動態

Lektion 12　関係代名詞

Schlüsselsätze

12-1. Ich weiß nicht, ob ich das Hemd hier oder das da nehmen soll.
　　　こっちのシャツにするかあっちにするか，どうしよう．
12-2. Sie zeigte ihm mehrere Bilder, die sie selber gemalt hat.
　　　彼女は自分で描いた絵を何枚も彼に見せた．
12-3. Im Haus, in dem ihr jetzt wohnt, wohnte früher ein Deutscher.
　　　君たちが今住んでいる家には以前ドイツ人が住んでいた．
12-4. Wer A sagt, muss auch B sagen.
　　　Aと言う者はBも言わなければならない（乗りかかった船）．
12-5. Kurosawa ist einer der bekanntesten Regisseure der Welt.
　　　黒澤は世界で最も有名な映画監督の一人だ．

12.1　指示代名詞

3人称の人称代名詞（4.5）と同じく特定のモノやヒトを指す語として，指示代名詞があります．「あれ，それ」または「あの人，その人」を意味します．ほとんど定冠詞（3.3）と同じ形で，2格のすべての形と複数3格に –en がつきます（男性・中性で –sen がつくのは s を濁らずに読ませるため）．

指示代名詞

	m.	*f.*	*n.*	*pl.*
1格	der	die	das	die
2格	des*sen*	der*en*	des*sen*	der*en*
3格	dem	der	dem	den*en*
4格	den	die	das	die

〈例〉Haben Sie schon diesen Film gesehen? – Nein, *den* habe ich noch nicht gesehen.
この映画もう観ましたか？　　　— いいえ，それはまだ観てません．
Ich hatte vor, alleine hierher zu kommen, aber *die* wollte auch unbedingt mit mir.
私は一人でここへ来るつもりでいたが，彼女はどうしても一緒に来たがった．
Hoffentlich weißt du *das* schon.
君がもうそのことを知ってるといいのだけど．（cf. Schlüsselsatz 4-4）

最初の例の den は den Film の意味です．定冠詞と違ってアクセントを置いて読みます．指示代名詞は，いわば定冠詞の代名詞的用法のようなものと考えることができるでしょう（DIESER 型＝定冠詞類の代名詞的用法を参照，4.3, p.41）．

〈例〉*Das* ist mein Vater. / *Das* sind meine Eltern.
これは私の父です／これは私の両親です．

いわゆる紹介文の das は，紹介されるモノやヒトの性・数に関係なく用いられます．例文のように，紹介されるモノ・ヒトが複数の場合，動詞も複数形になることに注意してください．

2格の形はあまり見かけませんが，sein（彼の）や ihr（彼女の，彼［女］らの）を使うと紛らわしい場合に使われます．

〈例〉Auf dem Weg traf er einen Freund und *dessen* Freundin.
途中で彼は一人の友人とその友人のガールフレンドに出会った．

ここで *seine* Freundin とすると，このガールフレンドが「友人」のガールフレンドなのか，「彼」のガールフレンドなのかが，曖昧になります（普通は主語「彼」を受けると解釈されます）．

なお，指示代名詞に da や hier などの付加語をつけて意味を限定することもあります．

〈例〉Ich weiß nicht, ob ich das Hemd hier oder das da nehmen soll.
こっちのシャツにするかあっちにするか，どうしよう．

12.2　関係代名詞

英語では関係代名詞として *that* や *who* や *which* を使いますが，ドイツ語では**指示代名詞と同じ変化**（12.1）をする der と，今日書き言葉を除いてほとんど使われなくなっている welcher（変化は 4.3 を参照）があります．両者に用法上の違いはないので，ここでは der だけを見ることにしましょう．

〈例〉Ich gehe zu *dem Arzt*.（男性・単数）
　　　私はその医者のところへ行く．
　　　　　Er [= *Der Arzt*] lebt schon seit mehreren Jahren in Deutschland.（1格）
　　　　　彼［＝その医者］はもう何年も前からドイツで暮している．
　　　　　Seine Tochter [= Die Tochter *des Arztes*] ist auch Ärztin.（2格）
　　　　　彼［＝その医者］の娘も医者をしている．
　　　　　Ich habe *ihm* [= *dem Arzt*] etwa vor einer Woche geschrieben.（3格）
　　　　　私は彼［＝その医者］に 1 週間ほど前に手紙を書いておいた．
　　　　　Ihn [= *Den Arzt*] hat mir eine Bekannte empfohlen.（4格）
　　　　　ある（女性の）知人が彼［＝その医者］を私に紹介してくれた．

↓

Ich gehe zu *dem Arzt*, [***der*** schon seit mehreren Jahren in Deutschland <u>lebt</u>].
私は［もう何年も前からドイツで暮している］その医者のところへ行く．
Ich gehe zu *dem Arzt*, [***dessen*** Tochter auch Ärztin <u>ist</u>].
私は［娘も医者をしている］その医者のところへ行く．
Ich gehe zu *dem Arzt*, [***dem*** ich etwa vor einer Woche geschrieben <u>habe</u>].
私は［1 週間ほど前に手紙を書いておいた］その医者のところへ行く．
Ich gehe zu *dem Arzt*, [***den*** mir eine Bekannte empfohlen <u>hat</u>].
私は［ある知人が私に紹介してくれた］その医者のところへ行く．

　関係代名詞の働きは 2 つの文を結びつけることです．おおざっぱに考えれば，関係代名詞＝接続詞＋代名詞と言えます．最初の例文の *der* schon seit mehreren Jahren in Deutschland lebt は *und er* lebt schon seit mehreren Jahren in Deutschland のように書き換えることができます．下の 4 つの例で [...] に入れた部分が関係代名詞を使った**関係文**ですが，後で述べるように，関係文は副文となります（12.4 参照）．そのため下線部を引いた**定動詞が後置**されていることに注意してください．なお，例文のように，関係文はコンマで区切られるのが普通です．

関係文が修飾する主文中の語を**先行詞**と呼びます．関係代名詞の**性・数は先行詞に一致**します．それに対して，**格は関係文中の格**によって決まります．上の例では先行詞 dem Arzt が男性・単数・3 格なので，関係代名詞も男性・単数ですが，格は先行詞と無関係に変化しています．先行詞が男性名詞の場合，形を見れば格もわかりますが，女性，中性，複数の場合は後ろの関係文の意味を考えないと格が決定できないこともあります．

〈例〉Sie zeigte ihm mehrere *Bilder*, [*die* sie selber gemalt hat] .
　　　彼女は［彼女が自分で描いた］絵を何枚も彼に見せた．

　先行詞は Bilder で中性・単数・4 格．関係代名詞 die は 1 格かもしれないし，4 格かもしれません．しかし，関係文を見ると，定動詞が hat，つまり主語(= 1 格)は単数でなければならないことがわかります．もし die が 1 格だとすれば，この定動詞の形と矛盾することになるので，そこから消去法的に考えて，die は 4 格だと判断します（hat に対応する単数の主語は，die のすぐ後にある sie です）．

　関係代名詞の前に前置詞がつく場合，英語なら必ず *in which*, *from which*; *by whom*, *with whom* のように *which* か *who(m)* を使い，*that* を使うことはできません．ドイツ語では der も welcher も同じように前置詞をつけて使うことができます．

〈例〉Im *Haus*, [*in dem* ihr jetzt wohnt] , wohnte früher ein Deutscher.
　　　［君たちが今（その中に）住んでいる］家には以前ドイツ人が住んでいた．

　先行詞は Haus なので，関係代名詞の性・数は中性・単数．in は 3・4 格支配の前置詞ですが，ここでは「～の中に」の意味で使われているので 3 格支配です (cf. 6. 4. p. 67f.)．

◇ **不定関係代名詞**

　疑問詞の wer（誰が）と was（何が）はすでに学びました (4. 5, p. 42)．この 2 語は，関係代名詞としても用いることがあり，不定関係代名詞と呼ばれます．「不定」とは「特定の名詞が先行詞にならない」という程度の意味です．wer は「～する人」，was は「～する物・こと」と訳されるのが基本です．

〈例〉[***Wer*** A sagt], (der) muss auch B sagen.
　　　[A と言う人]（その人）は B も言わなければならない．

　見てのとおり，[...] で示した関係文の前に先行詞がありません．「人」にあたる先行詞の意味が wer という関係代名詞の中に含まれているからです（英語なら *someone [anyone] who ..., those who ...* などとなり，先行詞を省略することはできません）．この場合，wer で始まる関係文は，主文に先行して主文全体の主語になっています．この関係をはっきり表わすために，関係文を指示代名詞（der）で受けなおすこともあります．
　次に was を使った例文を見ましょう．

〈例〉[***Was*** nicht geschehen darf], ist geschehen.
　　　[起こってはならないこと] が起こってしまった．

　ただし，was には先行詞をともなう用法もあります．その場合，先行詞は名詞でなくて，中性の代名詞 (etwas, alles, nichts, das など) や中性名詞化された形容詞に限られます．

〈例〉Wir werden *alles* tun, [***was*** wir tun können].
　　　私たちは [私たちにできる] すべてのことをするだろう
　　　（できるかぎりのことをするだろう）．

　この例に見られるように，先行詞 (alles) と関係文の間が離れることもあります．

◇ **強調構文**

　英語のいわゆる強調構文 *It is A that ....* と同じような構文がドイツ語にもあります．

〈例〉Es ist *diese Bekannte*, [***die*** mir den Arzt empfohlen hat].
　　　［私にその医者を紹介してくれた］のは，この（女性の）知人です．

　Es ist A に続く関係代名詞の性・数は，es ではなく A（例文では diese Bekannte）に一致します．

12.3　関係副詞

　場所や時や理由などを表わす語が先行詞になる場合，関係副詞を使うこともできます．代表例は wo で，先行詞が場所でも時でも用いられます．womit のような代名副詞の疑問形（cf. 6.5, p.70）にも関係副詞の用法があります．

〈例〉Sie führte mich zu *dem Ort*, [***wo*** (= an dem) früher ihr Haus stand].（場所）
　　　彼女は私を［以前彼女の家が建っていた］場所へと連れていった．
　　　In *dem Jahr*, [***wo*** (= in dem) meine Großmutter geboren wurde], fing gerade der Krieg an.（時）
　　　［私の祖母が生まれた］年にちょうど戦争が始まった．
　　　Das ist genau *der Grund*, [***warum*** dieser Park *Tiergarten* genannt wird].（理由）
　　　それがまさに［この公園がティーアガルテンと呼ばれている］理由だ．
　　　Endlich bin ich in *dem Land*, [***wovon*** (= von dem) ich so lange Zeit geträumt habe].（疑問形代名副詞）
　　　私はようやく［長いこと夢に見てきた］国に来ている．

12.4　副文 (2)：関係詞

　関係代名詞と関係副詞をまとめて関係詞と呼びます．従属接続詞（6.1）の場合と同様，関係詞は副文を作るので，関係文の中の定動詞は後置されます（12.2 参照）．副文を作るものとしては，従属接続詞のほかに疑問詞がありました（いわゆる間接疑問文．cf. 6.5, p. 70f.）．ドイツ語の副文は (1) 従属接続詞，(2) 疑問詞，(3) 関係詞のどれかで始まることになります．定動詞が後置されているのに気がついたら，(1) ～ (3) のうちどれに該当するのかを考えてください．
　とはいえ，(2) の疑問詞と (3) の関係詞は同じ形をしているものが多い上，両者の区別がまぎらわしい場合もあります．

〈例〉Er fragte mich, [*was* die Lehrerin gesagt hat]. (was は疑問詞)
彼は私に，先生が何を言ったのか尋ねた．
Ich erzählte ihm *alles*, [*was* die Lehrerin gesagt hat].
　　　　　　　　　　　　　(was は alles を先行詞とする関係代名詞)
私は彼に，先生が言ったことをすべて話した．

◇ 副文中の特殊な語順

　副文の中では定動詞後置が起こります．話法の助動詞，未来形，完了時制，受動態などが重なって，動詞要素が数語にわたる場合でも基本的には同じです．しかし，話法の助動詞の完了時制では，例外的な語順が見られます．話法の助動詞を完了時制にする場合，過去分詞が不定詞と同じ形になることを思い出してください (cf. 8. 5, p. 100)．

〈例〉Haben Sie am Bahnhof Ihre Frau finden können?
　　　　　　　　(cf. Schlüsselsatz 8-5. können は過去分詞)
駅で奥さんを見つけることはできたのですか？

　この文が副文に組み込まれた場合，定動詞の本体は完了の助動詞 haben ですから … finden können haben という語順になりそうなものです．が，このような場合にかぎり，完了の助動詞は他の動詞要素の前に置かれて … haben finden können という変則的な語順になります．

〈例〉Ich wusste nicht, [dass Sie am Bahnhof Ihre Frau nicht *haben* finden können].
(= Ich wusste nicht, [dass Sie am Bahnhof Ihre Frau nicht finden *konnten*].)
駅で奥さんを見つけられなかったとは知りませんでした．

関係文の場合でもまったく同じ現象が見られます．

〈例〉In diesem neuen Museum waren die Bilder, [die ich unbedingt wieder *habe* sehen wollen].
(= In diesem neuen Museum waren die Bilder, [die ich unbedingt wieder sehen *wollte*].)
この新しい美術館には，私がどうしてもまた見たいと思っていた絵があった．

12.5　不定代名詞

man や etwas や nichts のように，不特定のヒトやモノ・コトを表わす代名詞を不定代名詞と言います．ここには DIESER 型の定冠詞類を代名詞的に使う場合 (cf. 4. 3, p. 41) も含まれますし，後で説明する einer や keiner など，いわば不定冠詞類の代名詞的用法も含まれます．

◇ 主な不定代名詞

man（人は）はそのまま訳されることが稀で，受身の文のように訳したほうが日本語として自然になります．もともと1格の形しかないのですが，それ以外の形が必要な場合は einer で代用します（後述）．

etwas（何か，あるもの），**nichts**（何も～ない）はいずれも中性の代名詞として扱われます．それぞれ英語の *something* と *nothing* に相当しますが，*something important, nothing wrong* のように形容詞を伴う場合は，形容詞に強変化中性単数の語尾 (cf. 9. 2, p. 108) をつけ，大文字書きします．etwas も nichts も無変化で，2格では用いません．

1格	etwas Wichtig**es**	nichts Falsch**es**
2格	—	—
3格	etwas Wichtig**em**	nichts Falsch**em**
4格	etwas Wichtig**es**	nichts Falsch**es**

jemand（誰か，ある人），**niemand**（誰も～ない）は英語の *somebody* と *nobody* に相当します．両方とも同じ変化をしますが，3格と4格は語尾をつける場合も，無語尾で使われる場合もあります．

1格	jemand	niemand
2格	jemand(e)s	niemand(e)s
3格	jemand(em)	niemand(em)
4格	jemand(en)	niemand(en)

einer（ある人，あるもの），**keiner**（誰も・何も〜ない）は，それぞれ不定冠詞の ein，否定冠詞の kein とほとんど同じ変化をします．違うのは，男性単数1格と中性単数1格・4格で語尾がつく点です（なお，einer で複数形が必要な場合は，welche で代用します）．

不定冠詞 ein は，その後に名詞が来ます（例：*ein* Regisseur「一人の映画監督」，cf. *a director*）．この名詞を省いた形，いわば不定冠詞の代名詞的用法に相当するものが einer です（例：*einer* der bekanntesten Regisseure der Welt「世界で最も有名な映画監督の一人」，cf. *one of the most famous directors in the world*）．einer が英語の *one* に相当するとすれば，keiner は英語の *none* に相当します．

なお，man には1格しかないので，それ以外の格が必要になる場合は einer の男性単数の形で代用します．

不定代名詞 einer

	m.	*f.*	*n.*	*pl.*
1格	ein**er**	eine	ein(e)s	(welche)
2格	eines	einer	eines	(welcher)
3格	einem	einer	einem	(welchen)
4格	einen	eine	ein(e)s	(welche)

不定代名詞 keiner

	m.	*f.*	*n.*	*pl.*
1格	kein**er**	keine	kein(e)s	keine
2格	keines	keiner	keines	keiner
3格	keinem	keiner	keinem	keinen
4格	keinen	keine	kein(e)s	keine

Übung 1 次の文を指示にしたがって置き換えなさい.
Ich weiß nicht, ob ich *das Hemd* hier oder *das* da nehmen soll.

（指定の目的語に置き換える）

der Tisch（テーブル）
 – Ich weiß nicht, ob ich *den Tisch* hier oder *den* da nehmen soll.
das Brot（パン）
 – Ich weiß nicht, ob ich *das Brot* hier oder *das* da nehmen soll.
die Schuhe（くつ *pl.*）
 – Ich weiß nicht, ob ich *die Schuhe* hier oder *die* da nehmen soll.
die Tasche（かばん）
 – Ich weiß nicht, ob ich *die Tasche* hier oder *die* da nehmen soll.
das Hemd（シャツ）
 – Ich weiß nicht, ob ich *das Hemd* hier oder *das* da nehmen soll.

Übung 2 次の文を指示にしたがって置き換えなさい.
Sie zeigte ihm .... + *Sie hat mehrere Bilder selber gemalt.*

（下線部を関係文に変える）

→ Sie zeigte ihm *mehrere Bilder, die sie selber gemalt hat.*

Ihre Mutter hat ihr die Tasche geschenkt.
（彼女の母が彼女にそのかばんを贈った）
 – Sie zeigte ihm *die Tasche, die ihr ihre Mutter geschenkt hat.*
Im Haus wohnte früher ein Deutscher.
（以前ドイツ人がその家に住んでいた）
 – Sie zeigte ihm *das Haus, in dem früher ein Deutscher wohnte.*
Der Lehrer hat sie Deutsch gelehrt.
（その先生が彼女にドイツ語を教えた）
 – Sie zeigte ihm *den Lehrer, der sie Deutsch gelehrt hat.*
Sie arbeitete einmal in der Schule.
（彼女はかつてその学校で働いていた）
 – Sie zeigte ihm *die Schule, wo sie einmal arbeitete.*

Sie hat mehrere Bilder selber gemalt.
（彼女は何枚もの絵を自分で描いた）
　　– Sie zeigte ihm *mehrere Bilder, die sie selber gemalt hat.*

Übung 3　日本語に合うドイツ語文を答えなさい．

黒澤は世界で最も有名な映画監督の一人だ．
　　– *Kurosawa ist einer der bekanntesten Regisseure der Welt.*
彼女はクラスで最も真面目な生徒の一人だ．
　　– *Sie ist eine der fleißigsten Schülerinnen in ihrer Klasse.*
それは私が解いた中でも最も難しい問題の一つだ．
　　– *Das ist eines der schwierigsten Probleme, die ich gelöst habe.*
ビル・ゲイツはアメリカで最も裕福な男の一人だ．
　　– *Bill Gates ist einer der reichsten Männer in den USA.*
スイスはヨーロッパでも最も美しい国の一つだ．
　　– *Die Schweiz ist eines der schönsten Länder Europas.*

単語リスト

Nr.	Vokabeln		Japanisch
501	Hemd, das	n. –(e)s / –en	シャツ
502	zeigen	vt.	示す，見せる
503	mehrer(e)	adj.	いくつもの，複数の，いろいろな
504	Bild, das	n. –(e)s / –er	絵；写真
505	selber	adv.	自分自身（で）
506	selbst	adv.	自分自身（で）
507	malen	vt.	描く
508	sagen	vt.	言う
509	Regisseur, der	m. –s / –e	映画監督
510	Welt, die	f. – / –en	世界
511	allein(e)	adv.	一人で；～だけで（nur）
512	hierher	adv	こちらへ，ここへ
513	dorthin	adv.	あちらへ，向こうへ
514	unbedingt	adj./adv.	無条件の，絶対の；絶対に，どうしても
515	Weg, der	m. –(e)s / –e	道；手段，方法
516	treffen	vt. treffen – traf – getroffen	出会う；当てる
517	Arzt, der	m. –es / Ärzte	（男性の）医者
518	Ärztin, die	f. – / –nen	（女性の）医者
519	leben	vi. (h.)	生きる；住む
520	schreiben	vt. / vi. (h.) schreiben – schrieb – geschrieben	書く；(jm./an jn. ～に) 手紙を書く
521	geschehen	vi. (s.) geschehen – geschah – geschehen	起こる，生じる
522	führen	vt.	導く，連れていく
523	Ort, der	m. –(e)s / –e	場所
524	genau	adj. / adv.	正確な；まさしく，ちょうど
525	nennen	vt. nennen – nannte – genannt	名づける，呼ぶ

Nr.	Vokabeln		Japanisch
526	Tier, das	n. –s / –e	動物
527	Garten, der	m. –s / Gärten	庭
528	Land, das	n. –(e)s / Länder	国；（ドイツ連邦共和国などの）州；土地
529	träumen	vt.	夢見る
530	neu	adj.	新しい
531	Museum, das	n. –s / Museen	美術館，博物館
532	wieder	adv.	再び，また
533	wichtig	adj.	重要な
534	falsch	adj.	間違った
535	jemand	pron.	誰か，ある人
536	niemand	pron.	誰も～ない
537	einer	pron.	ある人，あるもの
538	keiner	pron.	誰も～ない
539	Tisch, der	m. –es / –e	テーブル
540	Brot, das	n. –(e)s / (–e)	パン
541	Schuh, der	m. –(e)s / –e	（ふつう pl. で）くつ
542	Tasche, die	f. – / –n	かばん，バッグ
543	lehren	vt.	(jn. et.[4] ～に…を）教える
544	Schule, die	f. – / –n	学校
545	Klasse, die	f. – / –n	クラス
546	schwierig	adj.	難しい
547	USA, die	pl.	アメリカ合衆国（= die Vereinigten Staaten）
548	Schweiz, die	f. – /	スイス
549	Österreich, das	n. –s /	オーストリア
550	Europa, das	n. –s /	ヨーロッパ

m. 男性名詞　　f. 女性名詞　　n. 中性名詞　　–(e)s / –e 単数 2 格 / 複数 1 格
sg. 単数　　pl. 複数　　vt. 他動詞　　vi. 自動詞　　(h.) haben 支配　　(s.) sein 支配
vr. 再帰動詞　　heißen – hieß – geheißen 不定詞－過去基本形－過去分詞　　adj. 形容詞
adv. 副詞　　konj. 接続詞　　präp. 前置詞　　pron. 代名詞
js. (= jemandes) 人の 2 格（誰かの）　　jm. (= jemandem) 人の 3 格（誰かに）
jn. (= jemanden) 人の 4 格（誰かを）　　et.[2] (= etwas) 物の 2 格（何かの）
et.[3] 物の 3 格（何かに）　　et.[4] 物の 4 格（何かを）

Lektion 13　接続法

Schlüsselsätze

13-1. **Ich fragte meine Freunde, ob sie am Abend etwas vorhätten.**
　　私は友人たちに今晩何か予定があるのかと尋ねた．
13-2. **Wenn die Sonne plötzlich verschwinden würde, dann gäbe es in kurzer Zeit auf der Erde kein Leben mehr.**
　　もし突然太陽が消滅したとしたら，短期間のうちに地球上には生命がいなくなってしまうだろう．
13-3. **Ohne Ihre Hilfe hätte ich das nie leisten können.**
　　あなたに助けていただかなければ，決してできなかったでしょう．
13-4. **Er tat so, als ob er alles vergessen hätte.**
　　彼はまるで何もかも忘れてしまったかのようなふりをした．
13-5. **Könnten Sie mir bitte ein Beispiel nennen?**
　　1つ例を挙げていただけますでしょうか？

13.1　接続法Ⅰ式とⅡ式

　ドイツ語の動詞には，**直説法**（Indikativ）・**命令法**（Imperativ）・**接続法**（Konjunktiv）という3つの**法**（Modus）があります．命令法については5.5で説明しました．直説法というのは聞きなれない言葉ですが，要するに，これまで見てきた動詞の変化はほとんど直説法にあたります．
　これに対して接続法は，英語の仮定法にあたる**非現実話法**（13.4参照）のほか，**間接話法**（13.3参照）などの用法をもちます．接続法には，Ⅰ式とⅡ式という2つの形式があります．そのため，それぞれの形式と用法との関係に注意しなければなりません（13.2参照）．
　接続法Ⅰ式と接続法Ⅱ式は，それぞれ直説法現在と直説法過去によく似た形になります．まず，この関係を頭に入れておいてください．

　　　直説法現在　　≒　　接続法Ⅰ式
　　　直説法過去　　≒　　接続法Ⅱ式

より正確に言えば，それぞれの作り方は次のような規則にまとめられます：

直説法現在：	不定詞の語幹＊	＋	現在人称変化語尾（2. 2 参照）
接続法Ⅰ式：	不定詞の語幹	＋	接続法語尾

＊直説法現在は不定詞の語幹をもとにして作るのが基本だが，a → ä 型（3. 1），e → i / ie 型（3. 2 と 8. 1）は単数 2・3 人称で語幹の音が変化し，話法の助動詞と wissen（4. 1）は単数のすべての人称で特殊な語幹をとる．また，不規則な変化として sein（2. 4）と haben（2. 5）がある．接続法Ⅰ式ではすべての動詞で不定詞の語幹をそのまま用いる．

直説法過去：	過去基本形	＋	過去人称変化語尾（8. 3 参照）
接続法Ⅱ式：	過去基本形＊＊	＋	接続法語尾

＊＊不規則変化動詞（8. 2 参照）の接続法Ⅱ式では，過去基本形にウムラウト可能な母音がある場合は，ウムラウトがつく（後述）．

接続法語尾（Ⅰ式・Ⅱ式共通）

ich	−e	wir	−en
du	−est	ihr	−et
er sie es	−e	sie (Sie)	−en

　接続法は，Ⅰ式もⅡ式も，まったく同じ語尾をとります（sein の接続法Ⅰ式だけやや不規則）．接続法の語尾は e という母音を含むのが特徴です．ただし，接続法Ⅱ式のもととなる過去基本形が −e で終わる場合は，語尾の e を追加しません．

　接続法語尾を，直説法現在人称語尾（2. 2）および直説法過去人称変化語尾（8. 3）と比べてみると，3 人称単数の語尾が −e になる点に特徴があります．まず，いくつかの動詞で，接続法Ⅰ式と直説法現在を比較してみましょう．

◇ 接続法Ⅰ式と直説法現在の例

lieben の接続法Ⅰ式(*は直説法現在と同形)

ich	liebe*	wir	lieben*
du	lieb**est**	ihr	lieb**et**
er/sie/es	liebe	sie (Sie)	lieben*

lieben の直説法現在

ich	liebe	wir	lieben
du	liebst	ihr	liebt
er/sie/es	liebt	sie (Sie)	lieben

werden の接続法Ⅰ式(*は直説法現在と同形)

ich	werde*	wir	werden*
du	werd**est**	ihr	werd**et***
er/sie/es	werde	sie (Sie)	werden*

werden の直説法現在

ich	werde	wir	werden
du	**wirst**	ihr	werdet
er/sie/es	**wird**	sie (Sie)	werden

können の接続法Ⅰ式(*は直説法現在と同形)

ich	könne	wir	können*
du	könn**est**	ihr	könn**et**
er/sie/es	könne	sie (Sie)	können*

können の直説法現在

ich	**kann**	wir	können
du	**kannst**	ihr	könnt
er/sie/es	**kann**	sie (Sie)	können

haben の接続法Ⅰ式(*は直説法現在と同形)

ich	habe*	wir	haben*
du	hab**est**	ihr	hab**et**
er/sie/es	habe	sie (Sie)	haben*

haben の直説法現在

ich	habe	wir	haben
du	**hast**	ihr	habt
er/sie/es	**hat**	sie (Sie)	haben

sein の接続法Ⅰ式（**は無語尾）

ich	sei**	wir	sei**en**
du	sei[e]**st**	ihr	sei**et**
er/sie/es	sei**	sie (Sie)	sei**en**

sein の直説法現在

ich	bin	wir	sind
du	bist	ihr	seid
er/sie/es	ist	sie (Sie)	sind

seinだけは，接続法Ⅰ式の単数1人称・3人称で‒eの語尾をとりません．それ以外の動詞は，不定詞の語幹に接続法の語尾をつけるだけですから，作り方は単純です．動詞にもよりますが，ほとんどすべての動詞の複数1人称・3人称で，直説法現在と接続法Ⅰ式がまったく同形になってしまいます．逆に，すべての動詞において，単数3人称の形は異なることがわかります．

接続法Ⅰ式と直説法現在の形の違いはとても重要です．接続法Ⅰ式の用法のうち最も重要な間接話法では，直説法現在と同形になってしまう場合，接続法Ⅰ式をⅡ式で代用しなければなりません（13. 3参照）．

◇ 接続法Ⅱ式と直説法過去の例

次に接続法Ⅱ式と直説法過去を比べてみましょう．

liebenのような規則変化動詞の場合，接続法Ⅱ式と直説法過去はすべての人称でまったく同形になってしまいます．

不規則変化動詞のうち，過去基本形の母音がa, o, uの場合は，それぞれä, ö, üになることに注意してください．実は，話法の助動詞を勉強した際に，mögenの接続法Ⅱ式möchte（*would like to*に相当）が出てきていました（cf. 4. 1, p. 36）．mögenの過去基本形mochteのoをウムラウトさせると，この形になります．

例外的に，sollenとwollenは不規則変化動詞であるにもかかわらず，過去基本形sollteとwollteのoをウムラウトさせず，そのまま接続法Ⅱ式として使います．また，brennen, kennen, nennen, rennenなど，いわゆる混合変化動詞のうち，過去基本形でaの音をもつものは，過去基本形br*a*nnte →接続法Ⅱ式br*e*nnteのように，aがeに変化します．e = äですから，これも実質的にはウムラウトしているものと見なすことができます．

さらに，stehen（過去基本形stand）→ 接続法Ⅱ式st*ü*nde（別形st*ä*nde），beginnen（過去基本形begann）→ 接続法Ⅱ式beg*ä*nne（別形beg*ö*nne）のように，特殊な形をとるものもあります．最近の辞書には，三基本形と並んで接続法Ⅱ式の形を挙げてあるものが増えているので，最初から全部覚える必要はありません．

lieben の接続法 II 式（直説法過去と同形）

ich	liebte	wir	liebten
du	liebtest	ihr	liebtet
er			
sie	liebte	sie	liebten
es		(Sie)	

lieben の直説法過去

ich	liebte	wir	liebten
du	liebtest	ihr	liebtet
er			
sie	liebte	sie	liebten
es		(Sie)	

werden の接続法 II 式

ich	würde	wir	würden
du	würdest	ihr	würdet
er			
sie	würde	sie	würden
es		(Sie)	

werden の直説法過去

ich	wurde	wir	wurden
du	wurdest	ihr	wurdet
er			
sie	wurde	sie	wurden
es		(Sie)	

können の接続法 II 式

ich	könnte	wir	könnten
du	könntest	ihr	könntet
er			
sie	könnte	sie	könnten
es		(Sie)	

können の直説法過去

ich	konnte	wir	konnten
du	konntest	ihr	konntet
er			
sie	konnte	sie	konnten
es		(Sie)	

haben の接続法 II 式

ich	hätte	wir	hätten
du	hättest	ihr	hättet
er			
sie	hätte	sie	hätten
es		(Sie)	

haben の直説法過去

ich	hatte	wir	hatten
du	hattest	ihr	hattet
er			
sie	hattte	sie	hatten
es		(Sie)	

sein の接続法 II 式

ich	wäre	wir	wären
du	wärest	ihr	wäret
er			
sie	wäre	sie	wären
es		(Sie)	

sein の直説法過去

ich	war	wir	waren
du	warst	ihr	wart
er			
sie	war	sie	waren
es		(Sie)	

◇ 接続法の完了形

過去の内容を表わす必要がある場合は，接続法の完了形を用います．完了の助動

詞として haben を使うか，sein を使うかは，動詞によって決まっていました（8.5参照）．接続法の完了形の場合でも，haben支配の動詞なら **haben の接続法＋過去分詞**，sein支配の動詞なら **sein の接続法＋過去分詞** となります．前者の例として lieben，後者の例として werden の接続法Ⅰ式およびⅡ式の形を見ておきましょう．

lieben の接続法Ⅰ式完了形

ich habe ... geliebt*	wir haben ... geliebt*
du habest ... geliebt	ihr habet ... geliebt
er / sie / es habe ... geliebt	sie haben ... geliebt* (Sie)

(＊は直説法現在完了と同形)

werden の接続法Ⅰ式完了形

ich sei ... geworden	wir seien ... geworden
du sei[e]st ... geworden	ihr seiet ... geworden
er / sie / es sei ... geworden	sie seien ... geworden (Sie)

lieben の接続法Ⅱ式完了形

ich hätte ... geliebt	wir hätten ... geliebt
du hättest ... geliebt	ihr hättet ... geliebt
er / sie / es hätte ... geliebt	sie hätten ... geliebt (Sie)

werden の接続法Ⅱ式完了形

ich wäre ... geworden	wir wären ... geworden
du wärest ... geworden	ihr wäret ... geworden
er / sie / es wäre ... geworden	sie wären ... geworden (Sie)

13.2　接続法の形式と用法の関係

接続法Ⅰ式とⅡ式は，それぞれ役割分担をもっています．Ⅰ式の用法で最も重要なのは間接話法ですが（13.3参照），その他に要求話法や譲歩・認容を表わす用法があります（13.5参照）．Ⅱ式で最も重要なのは非現実話法で，その他の用法は非現実話法から派生したものと見ることができます（13.4参照）．接続法の形式と用法の関係をまとめれば，次のようになります．

接続法	間接話法	要求話法	譲歩・認容	非現実話法	婉曲話法
Ⅰ式	○	○	○	×	×
Ⅱ式	△＊	×	×	○	○

＊接続法Ⅰ式が直説法現在と同形のときはⅡ式で代用

13.3　間接話法

直接話法と間接話法の区別は英語にもあります．例えば「『私は毎日ピアノを弾きます』と彼女は言った」のように，誰かの発言をそのまま引用するものが直接話法，「彼女は［自分が］毎日ピアノを弾くと言った」のように，発言内容が引用者の観点から言い直されているものが間接話法です．ただし英語の場合，間接話法であることを動詞の形だけで示すことはできません．ドイツ語では間接話法を表わすのに，普通の直説法を用いることも，接続法を用いることもできます．

直接話法：　Sie sagte, „Ich spiele jeden Tag Klavier."
　　　　　（「私は毎日ピアノを弾きます」と彼女は言った）
間接話法：　Sie sagte, sie *spielt* jeden Tag Klavier.
　　　　　（直説法：「彼女は毎日ピアノを弾くと言った」）
　　　　　Sie sagte, sie *spiele* jeden Tag Klavier.
　　　　　（接続法：「彼女は毎日ピアノを弾くと言った」）
　　　　　Sie sagte, dass sie jeden Tag Klavier *spielt(e)*.
　　　　　（直説法・副文：「彼女は毎日ピアノを弾くと言った」）
　　　　　Sie sagte, dass sie jeden Tag Klavier *spiele*.
　　　　　（接続法・副文：「彼女は毎日ピアノを弾くと言った」）

直説法と接続法のどちらでも使えますが，接続法を使うと間接話法であることを動詞の形だけで示せます．その場合，発言の内容が正しいかどうか，引用者はやや距離をとりながら提示しているというニュアンスが加わります．接続法による間接話法がニュースなどでよく用いられるのはこのためです．動詞の形だけで間接話法だとわかるので，いちいち「～が言った」のような表現を付け加えなくても，引用内容の続きであることが示されます．次の例の2文目を見てください．

〈例〉„In den letzten Monaten ist die Zahl der Arbeitslosen deutlich gestiegen", meinte die Politikerin. Sie *halte* es für wichtig, dass die Regierung etwas dagegen *tue*.
　　「この数ヶ月で失業者の数は目に見えて上昇しています」とその政治家［女性］は述べた．「私は，政府が何らかの対策をとることが重要だと思います」（halte, tue は接続法Ⅰ式．直説法現在ならそれぞれ hält, tut になる）

2文目の内容を直接話法に直せば，„Ich halte es für wichtig, dass die Regierung etwas dagegen *tut.*" となりますが，接続法のおかげで，引用符がなくても引用の続きであることがわかるようになっています．

しかし，**接続法Ⅰ式が直説法現在と同形になる場合**は，このような区別がつかなくなってしまいます．そこで，接続法Ⅰ式を**接続法Ⅱ式で代用**します．

> 〈例〉Ich fragte meine Freunde, ob sie am Abend etwas *vorhätten.* Dann antworteten sie, sie *müssten* zu Hause *bleiben,* weil sie Besuch *erwarteten.*
> 私は友人たちに今晩何か予定があるのか尋ねた．すると彼らは，客が来ることになっているので家にいなければならないと答えた．(vorhätten, müssten ... bleiben, erwarteten は接続法Ⅱ式．接続法Ⅰ式なら，それぞれ vorhaben, müssen ... bleiben, erwarten となり，直説法現在と同形になる．なお，erwarteten は，接続法Ⅱ式が直説法過去と同形になるが，直接話法に書き直せば，„Wir müssen zu Hause *bleiben,* weil wir Besuch *erwarten.*" のように直説法現在に相当する)

ただし，今日では，接続法Ⅰ式と直説法現在が同形でない場合でも接続法Ⅱ式（または直説法）を使う傾向があります．

13.4 非現実話法

英語の仮定法にあたるのが，非現実話法です．13.2 で述べたように，接続法Ⅱ式を用います．英語なら，現在の事実に反する仮定・帰結を「仮定法過去」，過去の事実に反する仮定・帰結を「仮定法過去完了」で表わしますが，ドイツ語では次のようになります．

現在の事実に反する仮定・帰結：　接続法Ⅱ式
過去の事実に反する仮定・帰結：　接続法Ⅱ式完了形

> 〈例〉Wenn ich Zeit *hätte, ginge* ich mit dir ins Konzert.
> 時間があれば，君と一緒にコンサートに行くんだけど．(hätte, ginge は haben, gehen の接続法Ⅱ式 ＝ 現在の事実に反する仮定・帰結)

接続法 II 式を使うと古風に感じられたり，直説法過去と紛らわしかったりする場合，今日では **werden** の接続法 II 式＋不定詞で書き換える傾向が見られます（sein, haben, werden および話法の助動詞などを除く）．

〈例〉Wenn die Sonne plötzlich *verschwinden würde*, dann *gäbe* es in kurzer Zeit auf der Erde kein Leben mehr.
　　もし太陽が突然消滅したとしたら，短期間のうちに地球上には生命がいなくなってしまうだろう．（verschwinden würde は verschwinden の接続法 II 式の代用．本来の形 verschwände を使うと，古風に感じられる．gäbe は geben の接続法 II 式だが，würde ... geben に書き換え可能．副文の後の dann や so については 6. 2, p. 64f. 参照）

次に，接続法 II 式完了形を使った例です．

〈例〉Wenn Sie mir nicht *geholfen hätten*, *hätte* ich das nie *leisten können*.
　　あなたが助けてくれなかったとしたら，決して私にそんなことはできなかったでしょう．（geholfen hätten, hätte ... leisten können は helfen, leisten können の接続法 II 式完了形 ＝ 過去の事実に反する仮定・帰結）

◇ 語順の例外

　英語には *If it were* ... のような仮定文で *if* を省略すると，*Were it* ... のように動詞が文頭に移動する現象があります．ドイツ語にもまったく同じ現象が見られます．結果的に，wenn で始まる副文中で後置されていた定動詞が，wenn に代わって文頭に出ることになり（定動詞後置 → 定動詞第 1 位），疑問文と同じ語順になります（cf. 2. 3, p. 15）．

〈例〉*Hätte* ich Zeit, *ginge* ich mit dir ins Konzert.
　　時間があれば，君と一緒にコンサートに行くんだけど．
　　Würde die Sonne plötzlich *verschwinden*, dann *gäbe* es in kurzer Zeit auf der Erde kein Leben mehr.
　　もし太陽が突然消滅したとしたら，短期間のうちに地球上には生命がいなくなってしまうだろう．

> *Hätten* Sie mir nicht *geholfen, hätte* ich das nie *leisten können.*
> あなたが助けてくれなかったとしたら，決して私にそんなことはできなかったでしょう．

上の例はすべて非現実話法ですが，通常の（直説法を用いた）仮定文も定動詞第1位の形にすることが可能です．

wenn などで始まる仮定の内容が，他の形式で現れるため，主文だけになることもあります．

> 〈例〉Ohne Ihre Hilfe *hätte* ich das nie *leisten können.*
> あなたに助けていただかなければ，決して私にそんなことはできなかったでしょう．
> Ich *hätte* so etwas nie *leisten können.*
> 私にはけっしてそんなことできなかったでしょう．
> Sonst *wäre* das Gebäude längst fertig *gewesen.*
> さもなければその建物はとっくに完成していたろう．

仮定を表わす副文だけで使われて，実現不可能な願望を表わす場合もあります．この場合，強調の副詞として doch や nur などがよく添えられます．

> 〈例〉Wenn ich doch Zeit *hätte*! / *Hätte* ich doch Zeit!
> 時間があればなあ！
> Ich *wünschte*, dass du hier *wärest*.
> 君がここにいたらいいんだけど．
> （wünschte は wünschen の接続法Ⅱ式）

◇ als ob

非現実話法としては，英語の *as if* に相当する als ob「～かのように」も用いられます．als ob の形が一般的ですが，同じ意味を表わす組合せとして als wenn, wie wenn もあります．いずれの場合も，ob あるいは wenn は従属接続詞なので，定動詞が後置されます．ただし，ob や wenn が省略され，als や wenn の直後に定動詞が来るという語順もよく見られます．

〈例〉Ihr beide seht so ähnlich aus, *als ob* ihr wirklich Geschwister *wäret*.
君たち2人はまるで本当の兄弟みたいによく似ている.
(= Ihr beide seht so ähnlich aus, *als wäret* ihr wirklich Geschwister.)
Er tat so, *als ob* er alles *vergessen hätte*.
彼はまるで何もかも忘れてしまったかのようなふりをした.
(= Er tat so, *als hätte* er alles *vergessen*.)

なお, als ob の構文では, 接続法Ⅰ式や直説法を使うこともあります.

◇ 婉曲話法

英語で丁寧な依頼を表わす *Could you ... ?* の *could* や, 願望を控え目に述べる *would like to* の *would* も仮定法の形です. 日本語でも「もしよろしければ (〜していただけませんか)」「差し支えなければ (〜したいのですが)」などの仮定表現を入れて, 相手に選択の余地を残した形にすることがあります. ドイツ語でもまったく同じような理由から, 非現実話法を丁寧な依頼とか控え目な願望・推量の表現に用いることができます. 婉曲話法とか外交的接続法などと呼ばれることもあります.

〈例〉*Könnten* Sie mir bitte ein Beispiel *nennen*?
1つ例を挙げていただけますでしょうか?
(könnten は können の接続法Ⅱ式)
Während der Ferien *möchte* ich gerne einmal bei Ihnen *vorbeikommen*.
休みの間, ぜひ一度お宅にお邪魔したいのですが.
(Cf. Schlüsselsatz 6-4; möchte は mögen の接続法Ⅱ式. 代わりに würde を用いてもよい)
Es *wäre* nett von Ihnen, wenn Sie mir möglichst bald eine Antwort *schicken könnten*.
できるだけ早くお返事をいただけると助かります.
(wäre, könnten は sein, können の接続法Ⅱ式)

13.5 その他の用法

接続法 I 式には，間接話法のほかに，要求話法と譲歩・認容の用法があります（13.2 参照）．この場合，接続法 II 式での代用はできません．

要求話法は，実現可能性のある願望などを述べる形で，第 3 者に対する要求を表すこともできます．ただし，今日では特定の表現を除けば，あまり使われることはありません．

> 〈例〉Und Gott sprach: Es *werde* Licht! Und es ward Licht.
> そして神は「光あれ！」と言った．すると光が生れた．（旧約聖書「創世記」1:3. werde は werden の接続法 I 式．ward は werden の古い過去形）
> Zwei Zahlen A und B *seien* Primzahlen.
> 2 つの数 A と B は素数であるとせよ．（seien は sein の接続法 I 式）

実は，Sie に対する命令や wir に対する呼びかけでも接続法 I 式を用いますが，これも要求話法の一種と考えられます．

> 〈例〉*Seien* Sie mir nicht böse!
> 私に腹を立てないでください！（Schlüsselsatz5-5）
> *Fangen* wir *an*!
> 始めましょう！（cf. 5.5, p.57）

wir や Sie が主語のとき，sein 以外の動詞では接続法 I 式と直説法現在が同形になってしまうので（cf. p.160），区別するために動詞を第 1 位（つまり文頭）に置きます．

譲歩・認容の用法は「～であろうとも」「～であるにせよ」という意味をもち，疑問詞を含む副文の中で用いられます．多くの場合，(auch) immer を伴います．また，普通は後続の主文の語順に影響を与えません．

〈例〉Was (auch) immer auf mich *warte*, ich *gebe* die Hoffnung nicht *auf*.
何が私を待ちかまえていようと，私は希望を捨てたりはしない．
（warte は warten の接続法Ⅰ式．後続の主文が gebe ich ... auf になっていないことに注意）

ただし，現代では接続法Ⅰ式を用いることはまれになっており，mögen の直説法＋不定詞を使うほうが普通です（上の例だと warte が warten mag になる）．

Übung 1 例にならって接続法を用いた間接話法の文を作りなさい．

Ich fragte meine Freunde, „*Habt ihr am Abend etwas vor?*"
– Ich fragte meine Freunde, *ob sie am Abend etwas vorhätten.*

Ich fragte meine Freunde, „*Woher wusste er meinen Namen?*"
(「どうして彼は私の名前を知っていたの？」)
– Ich fragte meine Freunde, *woher er meinen Namen gewusst hätte.*

Ich fragte meine Freunde, „*Möchtet ihr zum Frühstück Kaffee oder Tee trinken?*"
(「朝食にはコーヒーを飲む，それとも紅茶？」)
– Ich fragte meine Freunde, *ob sie zum Frühstück Kaffee oder Tee trinken möchten.*

Ich fragte meine Freunde, „*Wann ist die Kirche zerstört worden?*"
(「その教会はいつ破壊されたの？」)
– Ich fragte meine Freunde, *wann die Kirche zerstört worden sei.*

Ich fragte meine Freunde, „*Wohin fährt der Zug?*"
(「その列車はどこ行き？」)
– Ich fragte meine Freunde, *wohin der Zug fahre.*

Ich fragte meine Freunde, „*Habt ihr am Abend etwas vor?*"
(「今晩何か予定があるの？」)
– Ich fragte meine Freunde, *ob sie am Abend etwas vorhätten.*

Übung 2　イタリックの部分を wenn で始まる仮定の文に置き換えなさい．

Ohne Ihre Hilfe hätte ich das nie leisten können.
（あなたが助けてくれなかったとしたら，決して私にそんなことはできなかったでしょう）
　– *Wenn Sie mir nicht geholfen hätten,* hätte ich das nie leisten können.

Heute habe ich kein Geld. Sonst ginge ich gerne mit dir ins Kino.
（今日はお金がないんだ．でなければ喜んで君と一緒に映画を観にいくんだけど）
　– *Wenn ich heute Geld hätte*, ginge ich gerne mit dir ins Kino.

In der Schule hat sie Deutsch gelernt. Sonst hätte sie kein Wort verstanden.
（彼女は学校でドイツ語を習った．さもなければ 1 語たりとも理解できなかったろう）
　– *Wenn sie in der Schule nicht Deutsch gelernt hätte,* hätte sie kein Wort verstanden.

An deiner Stelle würde ich so etwas nicht tun.
（君の立場だったら私はそんなことはしないだろう）
　– *Wenn ich du wäre,* würde ich so etwas nicht tun.

Das haben wir früher nicht wissen können. Sonst hätten wir es Ihnen sofort mitgeteilt.
（そのことをもっと早く知ることはできなかったのです．さもなければすぐにあなたにお知らせしていたでしょう）
　– *Wenn wir das früher hätten wissen können*, hätten wir es Ihnen sofort mitgeteilt.

Übung 3　日本語に合うドイツ語文を答えなさい.

彼はまるで何でも知っているかのような口ぶりだった.
　　– Er sprach so, als ob er alles wüsste.

この文を日本語に訳してもらえますでしょうか？
　　– Könnten Sie mir bitte diesen Satz ins Japanische übersetzen?

私のところにも手紙をくれたら嬉しいです.
　　– Es wäre nett von dir, wenn du mir auch einmal schreiben würdest.

一番行ってみたいのはドイツです.
　　– Am liebsten möchte ich nach Deutschland gehen.

単語リスト

Nr.	Vokabeln		Japanisch
551	Sonne, die	*f.* – / –n	太陽
552	Erde, die	*f.* – / –n	土，大地；地球
553	verschwinden	*vi.* (*s.*) verschwinden – verschwand – verschwunden	消える，消滅する
554	dann	*adv.*	その時，それから
555	Hilfe, die	*f.* – / –n	助け，助力
556	nie	*adv.*	決して ... ない
557	leisten	*vt.*	成し遂げる，果たす
558	als ob	*konj.*	あたかも ... かのように
559	vergessen	*vt.* vergessen – vergaß – vergessen	忘れる
560	bitte	*adv.*	どうぞ，お願いします；どういたしまして（< bitten）
561	Beispiel, das	*n.* –(e)s / –e	例
562	lieben	*vt.*	愛する
563	brennen	*vt.* / *vi.* (*h.*) brennen – brannte – gebrannt	燃やす；燃える
564	rennen	*vi.* (*s.*) rennen – rannte – gerannt	走る
565	Klavier, das	*n.* –s / –e	ピアノ
566	spielen	*vt.*	演奏する，演じる；遊ぶ
567	Zahl, die	*f.* – / –en	数
568	arbeitslos	*adj.*	仕事のない，無職の，失業した
569	deutlich	*adj.*	はっきりした，明白な
570	steigen	*vi.* (*s.*) steigen – stieg – gestiegen	登る，上昇する
571	meinen	*vt.*	言う；思う，考える
572	Politikerin, die	*f.* – / –nen	（女の）政治家
573	Politiker, der	*m.* –s / –	（男の）政治家
574	halten	*vt.* halten – hielt – gehalten	保つ，維持する；(*et*^{4}. für ... で) ～を ... だと見なす
575	Regierung, die	*f.* – / –en	政府
576	zu Hause		家で

Nr.	Vokabeln		Japanisch
577	Bes<u>u</u>ch, der	*m.* –(e)s / –e	訪問；来客
578	Konz<u>e</u>rt, das	*n.* –(e)s / –e	演奏会，コンサート
579	sonst	*adv.*	さもなければ；ほかに；普段は
580	Geb<u>äu</u>de, das	*n.* –s / –	建物
581	l<u>ä</u>ngst	*adv.*	とっくに，とうの昔に (< lang)
582	f<u>e</u>rtig	*adj.*	完成した；準備のできた
583	doch	*adv.*	やはり；（否定疑問に肯定で答えて）いいえ
584	w<u>ü</u>nschen	*vt.*	願う，望む
585	<u>ä</u>hnlich	*adj.*	(*jm./et*³. ～に) 似ている
586	<u>au</u>s|sehen	*vi.* (*h.*) aussehen – sah ... aus – ausgesehen	～のように見える
587	Geschw<u>i</u>ster, das	*n.* –s / –	兄弟・姉妹
588	nett	*adj.*	感じのいい，親切な，優しい
589	m<u>ö</u>glichst	*adv.*	できるかぎり (< möglich)
590	<u>A</u>ntwort, die	*f.* – / –en	答え，解答
591	sch<u>i</u>cken	*vt.*	送る
592	w<u>a</u>rten	*vi.* (*h.*)	(auf *jn./et*⁴. ～を) 待つ
593	Fr<u>ü</u>hstück, das	*n.* –(e)s / –e	朝食
594	K<u>a</u>ffee, der	*m.* –s /	コーヒー
595	tr<u>i</u>nken	*vt.* trinken – trank – getrunken	飲む
596	wob<u>e</u>r	*adv.*	どこから
597	woh<u>i</u>n	*adv.*	どこへ
598	Wort, das	*n.* –(e)s / Wörter (–e)	語，単語；言葉
599	Satz, der	*m.* –es / Sätze	文
600	S<u>ei</u>te, die	*f.* – / –n	ページ；側面

m. 男性名詞　　*f.* 女性名詞　　*n.* 中性名詞　　–(e)s / –e 単数2格 / 複数1格
sg. 単数　　*pl.* 複数　　*vt.* 他動詞　　*vi.* 自動詞　　(*h.*) haben 支配　　(*s.*) sein 支配
vr. 再帰動詞　　heißen – hieß – geheißen 不定詞 – 過去基本形 – 過去分詞　　*adj.* 形容詞
adv. 副詞　　*konj.* 接続詞　　*präp.* 前置詞　　*pron.* 代名詞
js. (= *jemandes*) 人の2格（誰かの）　　*jm.* (= *jemandem*) 人の3格（誰かに）
jn. (= *jemanden*) 人の4格（誰かを）　　*et.*² (= *etwas*) 物の2格（何かの）
*et.*³ 物の3格（何かに）　　*et.*⁴ 物の4格（何かを）

不規則変化動詞変化表

・分離動詞・非分離動詞については、前つづりをとった形で調べること。例えば、分離動詞 auf|stehen（起きる）と非分離動詞 verstehen（理解する）の場合、もとになっている動詞 stehen（立っている）を調べる（8.2 参照）。

例： stehen   – stand   – gestanden
　　 auf|stehen – stand … auf – aufgestanden（分離動詞）
　　 verstehen – verstand   – verstanden（非分離動詞）

・不定詞（原形）の欄に (s.) とあるのは、sein 支配の自動詞。その他はすべて haben 支配（8.5 参照）。
・直説法現在では、語幹の母音が変わるものだけ、該当する人称の変化を示した。三人称単数は er で代表させている（特に 3.1, 3.2, 4.1 を参照）。
・( ) 内は別形

不定詞（原形）	直説法現在	直説法過去基本形	接続法 II 式	過去分詞
befehlen 命じる	*du* befiehlst *er* befiehlt	**befahl**	beföhle (befähle)	**befohlen**
beginnen 始まる，始める		**begann**	begänne	**begonnen**
beißen 噛む		**biss**	bisse	**gebissen**
bergen 隠す，保護する	*du* birgst *er* birgt	**barg**	bärge	**geborgen**
biegen 曲がる(*s.*), 曲げる		**bog**	böge	**gebogen**
bieten 提供する		**bot**	böte	**geboten**
binden 結ぶ		**band**	bände	**gebunden**
bitten 頼む		**bat**	bäte	**gebeten**
bleiben とどまる (*s.*)		**blieb**	bliebe	**geblieben**
braten 肉を焼く	*du* brätst *er* brät	**briet**	briete	**gebraten**

不定詞（原形）	直説法現在	直説法過去基本形	接続法 II 式	過去分詞
brechen 破れる(s.), 破る	du brichst er bricht	brach	bräche	gebrochen
brennen 燃える, 燃やす		brannte	brennte	gebrannt
bringen もってくる		brachte	brächte	gebracht
denken 考える		dachte	dächte	gedacht
dringen 突き進む (s.)		drang	dränge	gedrungen
dürfen(話法の助動詞) 〜してよい	ich darf du darfst er darf	durfte	dürfte	dürfen (独立用法) gedurft
empfehlen 勧める	du empfiehlst er empfiehlt	empfahl	empföhle (empfähle)	empfohlen
essen 食べる	du isst er isst	aß	äße	gegessen
fahren 乗物で行く (s.)	du fährst er fährt	fuhr	führe	gefahren
fallen 落ちる (s.)	du fällst er fällt	fiel	fiele	gefallen
fangen 捕える	du fängst er fängt	fing	finge	gefangen
finden 見つける		fand	fände	gefunden
fliegen 飛ぶ (s.)		flog	flöge	geflogen
fliehen 逃げる (s.)		floh	flöhe	geflohen
fließen 流れる		floss	flösse	geflossen
frieren 凍る (s.), 寒い		fror	fröre	gefroren
gebären 産む		gebar	gebäre	geboren
geben 与える	du gibst er gibt	gab	gäbe	gegeben
gehen 行く (s.)		ging	ginge	gegangen
gelingen 成功する (s.)		gelang	gelänge	gelungen

不定詞（原形）	直説法現在	直説法過去基本形	接続法 II 式	過去分詞
gelten 通用する	*du* giltst *er* gilt	**galt**	gölte (gälte)	**gegolten**
genießen 楽しむ		**genoss**	genösse	**genossen**
geschehen 起こる (*s.*)	*es* geschieht	**geschah**	geschähe	**geschehen**
gewinnen 得る		**gewann**	gewönne (gewänne)	**gewonnen**
gießen 注ぐ		**goss**	gösse	**gegossen**
graben 掘る	*du* gräbst *er* gräbt	**grub**	grübe	**gegraben**
greifen つかむ		**griff**	griffe	**gegriffen**
haben 持っている	*du* hast *er* hat	**hatte**	hätte	**gehabt**
halten 保つ	*du* hältst *er* hält	**hielt**	hielte	**gehalten**
hängen かかっている		**hing**	hinge	**gehangen**
heben 持ち上げる		**hob**	höbe	**gehoben**
heißen 〜という名前である		**hieß**	hieße	**geheißen**
helfen 助ける	*du* hilfst *er* hilft	**half**	hülfe	**geholfen**
kennen 知っている		**kannte**	kennte	**gekannt**
klingen 響く		**klang**	klänge	**geklungen**
kommen 来る (*s.*)		**kam**	käme	**gekommen**
können(話法の助動詞) 〜できる	*ich* kann *du* kannst *er* kann	**konnte**	könnte	**können** (独立用法) **gekonnt**
laden 積む	*du* lädst *er* lädt	**lud**	lüde	**geladen**
lassen 〜させる，放置する	*du* lässt *er* lässt	**ließ**	ließe	**gelassen (lassen)**
laufen 走る，歩く (*s.*)	*du* läufst *er* läuft	**lief**	liefe	**gelaufen**

不定詞（原形）	直説法現在	直説法過去基本形	接続法 II 式	過去分詞
leiden 苦しむ		litt	litte	gelitten
leihen 貸す		lieh	liehe	geliehen
lesen 読む	du liest er liest	las	läse	gelesen
liegen 横たわっている		lag	läge	gelegen
lügen 嘘をつく		log	löge	gelogen
meiden 避ける		mied	miede	gemieden
messen 測る	du misst er misst	maß	mäße	gemessen
mögen（話法の助動詞） 〜かもしれない， 好きだ	ich mag du magst er mag	mochte	möchte	mögen (独立用法) gemocht
müssen（話法の助動詞） 〜なければならない	ich muss du musst er muss	musste	müsste	müssen (独立用法) gemusst
nehmen 取る	du nimmst er nimmt	nahm	nähme	genommen
nennen 名づける		nannte	nennte	genannt
preisen 褒める		pries	priese	gepriesen
raten 助言する	du rätst er rät	riet	riete	geraten
reißen 裂ける (s.)，裂く		riss	risse	gerissen
reiten 馬に乗っていく (s.)		ritt	ritte	geritten
rennen 走る，駆ける (s.)		rannte	rennte	gerannt
rufen 呼ぶ，叫ぶ		rief	riefe	gerufen
schaffen 創造する		schuf	schüfe	geschaffen
scheiden 別れる(s.)，分ける		schied	schiede	geschieden
scheinen 輝く，〜に見える		schien	schiene	geschienen

不定詞（原形）	直説法現在	直説法過去基本形	接続法 II 式	過去分詞
schelten 叱る	*du* schiltst *er* schilt	**schalt**	schölte	**gescholten**
schieben 押しやる		**schob**	schöbe	**geschoben**
schießen 射る		**schoss**	schösse	**geschossen**
schlafen 眠る	*du* schläfst *er* schläft	**schlief**	schliefe	**geschlafen**
schlagen 打つ	*du* schlägst *er* schlägt	**schlug**	schlüge	**geschlagen**
schließen 閉じる		**schloss**	schlösse	**geschlossen**
schneiden 切る		**schnitt**	schnitte	**geschnitten**
schreiben 書く		**schrieb**	schriebe	**geschrieben**
schreien 叫ぶ		**schrie**	schriee	**geschrie(e)n**
schreiten 歩く		**schritt**	schritte	**geschritten**
schweigen 黙る		**schwieg**	schwiege	**geschwiegen**
schwimmen 泳ぐ (*s.*)		**schwamm**	schwömme (schwämme)	**geschwommen**
schwinden 消える (*s.*)		**schwand**	schwände	**geschwunden**
sehen 見る	*du* siehst *er* sieht	**sah**	sähe	**gesehen (sehen)**
sein 〜である (*s.*)	*ich* bin *wir* sind *du* bist *ihr* seid *er* ist *sie* sind	**war**	wäre	**gewesen**
senden 送る		**sandte (sendete)**	sendete	**gesandt (gesendet)**
singen 歌う		**sang**	sänge	**gesungen**
sinken 沈む (*s.*)		**sank**	sänke	**gesunken**
sitzen 座っている		**saß**	säße	**gesessen**
sollen(話法の助動詞) 〜すべきである	*ich* soll *du* sollst *er* soll	**sollte**	sollte	**sollen** (独立用法) **gesollt**

不定詞（原形）	直説法現在	直説法過去基本形	接続法 II 式	過去分詞
sprechen 話す	*du* sprichst *er* spricht	**sprach**	spräche	**gesprochen**
springen 跳ぶ (*s.*)		**sprang**	spränge	**gesprungen**
stechen 刺す	*du* stichst *er* sticht	**stach**	stäche	**gestochen**
stehen 立っている		**stand**	stünde (stände)	**gestanden**
stehlen 盗む	*du* stiehlst *er* stiehlt	**stahl**	stähle	**gestohlen**
steigen 登る (*s.*)		**stieg**	stiege	**gestiegen**
sterben 死ぬ (*s.*)	*du* stirbst *er* stirbt	**starb**	stürbe	**gestorben**
stoßen 突く	*du* stößt *er* stößt	**stieß**	stieße	**gestoßen**
streichen なでる		**strich**	striche	**gestrichen**
streiten 争う		**stritt**	stritte	**gestritten**
tragen 運ぶ	*du* trägst *er* trägt	**trug**	trüge	**getragen**
treffen 会う	*du* triffst *er* trifft	**traf**	träfe	**getroffen**
treiben 駆り立てる		**trieb**	triebe	**getrieben**
treten 進む (*s.*), 踏む	*du* trittst *er* tritt	**trat**	träte	**getreten**
trinken 飲む		**trank**	tränke	**getrunken**
tun する，行なう		**tat**	täte	**getan**
verderben だめになる (*s.*)	*du* verdirbst *er* verdirbt	**verdarb**	verdürbe	**verdorben**
vergessen 忘れる	*du* vergisst *er* vergisst	**vergaß**	vergäße	**vergessen**
verlieren 失う		**verlor**	verlöre	**verloren**
wachsen 成長する (*s.*)	*du* wächst *er* wächst	**wuchs**	wüchse	**gewachsen**
waschen 洗う	*du* wäschst *er* wäscht	**wusch**	wüsche	**gewaschen**

不定詞（原形）	直説法現在	直説法過去基本形	接続法II式	過去分詞
weisen 指示する		**wies**	wiese	**gewiesen**
wenden 向きを変える		**wandte** **(wendete)**	wendete	**gewandt** **(gewendet)**
werben 募る	*du* wirbst *er* wirbt	**warb**	würbe	**geworben**
werden 〜になる (*s.*), 〜される (*s.*)	*du* wirst *er* wird	**wurde** （古形 **ward**）	würde	**geworden** （受動態）**worden**
werfen 投げる	*du* wirfst *er* wirft	**warf**	würfe	**geworfen**
winden 巻く		**wand**	wände	**gewunden**
wissen 知っている	*ich* weiß *du* weißt *er* weiß	**wusste**	wüsste	**gewusst**
wollen(話法の助動詞) 〜することを望む	*ich* will *du* willst *er* will	**wollte**	wollte	**wollen** （独立用法）**gewollt**
ziehen 移る (*s.*), 引く		**zog**	zöge	**gezogen**
zwingen 強制する		**zwang**	zwänge	**gezwungen**

斉藤　渉
さいとう　しょう
1968年生まれ
大阪大学大学院言語文化研究科准教授
研究分野：哲学・思想史
著書：『フンボルトの言語研究 ― 有機体としての言語』
　　　（京都大学学術出版会，2001年）
ウェブサイト：http://www.lang.osaka-u.ac.jp/~ssaito/

ドイツ語初級

2008年 3 月31日　初版第 1 刷発行　　　　　　　　　　　[検印廃止]
2012年 5 月28日　初版第 2 刷発行

著　者　　斉藤　渉
発行所　　大阪大学出版会
　　　　　代表者　三成　賢次
　　　　　〒565-0871　吹田市山田丘 2 - 7 大阪大学ウエストフロント
　　　　　電話：06-6877-1614　FAX：06-6877-1617
　　　　　URL: http://www.osaka-up.or.jp
印刷所　　株式会社　遊文舎

©S. Saito　2008　printed in Japan
ISBN 978-4-87259-163-7　C3084

®〈日本複製権センター委託出版物〉
本書を無断で複写複製（コピー）することは，著作権法上の例外を除き，禁じられています。
本書をコピーされる場合は，事前に日本複製権センター（JRRC）の許諾を受けてください。
JRRC〈http://www.jrrc.or.jp　e メール：info@jrrc.or.jp　電話：03-3401-2382〉